Ce livre d'art culinaire
est la propriété de

NOM . . . .

ADRESSE . . . .

Il a été offert par

DATE . . . .

*Cuisinons avec force en
toute saison, c'est encore
la meilleure recette du
succès. Je vous souhaite
au terme de ce tour
d'horizon culinaire un
merveilleux été.*

sœur Berthe c.n.d.

LES RECETTES DE SOEUR BERTHE

✦ ✦ ✦ ✦

CUISINE D'ÉTÉ

Ce livre est le dernier d'une série de quatre, que Soeur Berthe a publiés aux Éditions du Jour depuis l'automne 73.

Ont déjà paru:

Cuisine d'automne
Cuisine d'hiver
Cuisine du printemps

SOEUR BERTHE SANSREGRET, c.n.d.

*Directrice en art culinaire à
l'École Supérieure des Arts et Métiers*

les recettes de soeur berthe

CUISINE D'ÉTÉ

PRÉFACE DE FRANÇOISE KAYLER

Éditions du jour
1651, rue Saint-Denis, Montréal

Distributeur:
Messageries du Jour inc.,
8255, rue Durocher,
Montréal H3N 2A8
Téléphone: 274-2551

Conception graphique:
Martin Dufour

Photos: Denis Plain

Coordination des textes: Yvonne R. Morissette

Collaboration: Pauline Larochelle, c.n.d.

Éditions du Jour inc.
©Tous droits réservés, Copyright Ottawa 1974.
Dépot légal, Bibliothèque Nationale du Québec,
2e trimestre 1974.
ISBN: 0-7760-0611-8

PRÉFACE

Lorsque Soeur Berthe portait les longues jupes noires et la cornette étroite des Dames de la Congrégation, elle préparait la cuisine exactement comme elle le fait maintenant, en tailleur stricte et cheveux courts. Elle y met autant de charme, autant de joie, autant de sourire. Elle n'en parle pas sur un ton pot-au-feu, mais comme si c'était d'un art dont elle s'entretenait. Ce qui n'exclut pas qu'elle y mette beaucoup de science.

C'est cette science qu'elle communique d'année en année. D'abord dans sa cuisine-école, puis dans sa cuisine-télévisée et, maintenant, dans sa cuisine-bibliothèque. Et pourquoi pas un jour dans une cuisine-embobinée sur film ou sur bande sonore?

Soeur Berthe n'a pas attendu que le costume religieux soit démodé pour agir en costume civil. Sa cornette ne l'a jamais empêchée de fréquenter les grandes cuisines de France et d'Amérique, de s'entretenir avec les chefs comme avec des confrères, de recevoir les distinctions de clubs gastronomiques.

Avec sagesse et patience elle a retenu l'enseignement des grandes toques blanches et l'a traduit en termes clairs et précis pour mettre à la portée de tous ceux qui ont de la bonne volonté, un art fait de beaucoup d'amour.

Et si elle prêche la bonne cuisine c'est sans doute parce que, comme disait Saint-François d'Assise, "il faut soigner le corps pour que l'âme s'y plaise."

François Koyts

Nous voici au terme de cette ronde des saisons passée à cuisiner ensemble. J'espère que la satisfaction de retrouver votre famille autour d'une table bien garnie vous aura apporté autant de plaisir que j'en ai eu moi-même à vous consacrer ces quelques heures passées dans votre cuisine. J'ai eu, tout au long de ce chemin, l'impression d'être un peu avec chacune d'entre vous lorsque vous choisissiez l'une des mille recettes que je vous ai suggérées.

Je vous le disais dans le premier livre de la série, "Cuisine d'automne", la cuisine n'est pas un art réservé à quelques privilégiées, c'est un art à la portée de chacune d'entre nous avec un peu d'imagination et beaucoup de patience.

Dans cet art, comme dans tous les autres, même pour celles qui sont les mieux douées, l'expérience acquise jour après jour a plus de valeur que toutes les théories, il ne faut donc jamais vous décourager! C'est cette expérience qui vous permet de remplir la cuillerée de farine juste à point, ni trop, ni trop peu, de manier la sauce juste ce qu'il faut pour qu'elle ne soit ni trop liquide, ni trop épaisse, de savoir reconnaître quand la cuiller est "nappée" et non "collée", de laisser un plat "mijoter" et non "bouillir". C'est cet art, fruit d'une longue patience, que possèdent les grands maîtres.

Tous ces petits secrets qui paraissent être, aux yeux des non-expérimentés, des tours de magie noire, vous les acquierrez en répétant les mêmes gestes jour après jour. L'histoire nous apprend que certains hauts faits culinaires sont le fruit d'une erreur, d'une découverte spontanée... Peut-être, mais ne vous y fiez pas trop. Si les chefs à qui on les doit se sont servi de leur imagination pour parer, dans un moment de crise, au manque de ceci ou de cela, ils n'en étaient pas à leur premier tour de main, ils possédaient leur métier et pouvaient inventer à coup sûr. C'est le fruit de leur expérience, plutôt que l'inspiration du moment, qui leur vaut la célébrité. En cuisine, comme dans toute autre activité humaine, patience et longueur de temps font plus que force et courage.

Je suis heureuse de vous présenter aujourd'hui le quatrième et dernier livre de la série. J'espère que vous trouverez dans "Cuisine d'Été", tout ce qu'il faut pour que vous profitiez au maximum des jours de détente et des gaies réunions en plein air qui sont le lot des vacanciers. Je vous souhaite de merveilleuses vacances ensoleillées.

SOMMAIRE

LES PUNCHES

LES PUNCHES

Amis et connaissances viennent vous saluer en passant, quand il fait beau et que c'est le temps des vacances, de la détente, de la farniente. On salue ces beaux jours un verre à la main. Quoi de plus agréable qu'un bon punch qui permet d'offrir une boisson rafraîchissante qu'on peut varier à l'infini? En voici quelques-uns que vous prendrez à la santé des beaux jours!

CITRONNADE AU SHERRY

Portions: 6

Ingrédients:

    jus de 6 citrons
1½ tasse de Sherry
   ⅓ de tasse de sucre
    glace concassée
    rondelles de citron

Préparation:

1. Faites le mélange du jus de citron, du sherry et du sucre.
2. Versez le mélange dans 6 grands verres à demi-pleins de glace concassée.
3. Complétez avec de l'eau glacée.
4. Décorez chaque verre avec une rondelle de citron.

COCKTAIL CAFÉ-COGNAC

Portions: 6

Ingrédients:

¾ de tasse de Kirsch
¾ de tasse de Cognac
¾ de tasse de café noir froid
⅓ de tasse de sucre

Préparation:

1. Faites le mélange parfaitement.
2. Versez dans des verres à cocktail.

DAIQUIRI

Portions: 6 verres

Ingrédients :

3 **c. à tab. de sirop de**
grenadine
quelques glaçons
⅓ **de tasse de jus de**
citron
¾ **de tasse de rhum**
blanc

Préparation :

1. Versez le sirop de grenadine sur les glaçons.
2. Ajoutez le jus de citron et le rhum.
3. Passez et servez dans 6 verres à cocktail.

MARQUISE AUX FRAISES

Portions : 6

Ingrédients :

1 **tasse de sucre**
2 **tasses d'eau**
jus d'un citron
3 **tasses de fraises**
glaçons
1 **bouteille de**
Champagne
(sec ou demi-sec)

Préparation :

1. Faites le sirop avec le sucre et l'eau; laissez mijoter 10 min. ajoutez le jus de citron. Refroidissez à demi.
2. Versez sur les fraises lavées et équeutées.
3. Ajoutez les glaçons.
4. Au moment de servir, versez une bouteille de Champagne sec ou demi-sec.
5. Servez aussitôt dans des coupes.

PUNCH À LA LIQUEUR FINE

Portions : 15 à 20

Ingrédients :

3 **tasses de jus d'orange**
1½ tasse de jus de citron
1½ tasse de sirop de maïs
¾ **de tasse de Cointreau**
ou de Curacao ou de
Kirsch
1 **bouteille de 30 on.**
d'eau gazéifiée

Préparation :

1. Faites le mélange des jus d'orange, de citron et du sirop de maïs; ajoutez la liqueur: Cointreau, Curacao ou Kirsch.
2. Pour servir, versez dans le bol à punch sur des glaçons et ajoutez l'eau.

PUNCH À L'ANANAS

Portions: 6
Cuisson: 15 min.

Ingrédients:

2 **tasses de jus de pomme**
2 **bâtons de cannelle**
4 **clous de girofle**
½ **tasse de jus d'ananas**
¾ **de tasse de jus d'orange**
¼ **de tasse de jus de citron**
⅔ **de tasse d'ananas broyés**
2 **tasses de Ginger Ale tranches d'oranges et cerises au marasquin**

Préparation:

1. Chauffez le jus de pomme avec les épices, environ 15 min.
2. Refroidissez et égouttez.
3. Ajoutez les jus d'ananas, d'orange et de citron ainsi que les ananas broyés.
4. Au moment de servir, versez sur des glaçons dans le bol à punch.
5. Ajoutez le Ginger Ale.
6. Garnissez de tranches d'oranges et de cerises.

PUNCH AUX FRAISES

Portions: 12 à 15
Cuisson: 8 à 10 min.

Ingrédients:

1½ **tasse de fraises**
6 **tasses d'eau**
¾ **de tasse de sucre**
¾ **de tasse de miel**
zeste de ½ orange
zeste de ½ citron
1 **tasse de jus de citron**

Préparation:

1. Placez les fraises et 3 tasses d'eau dans une casserole; amenez à ébullition.
2. Faites cuire 3 min.
3. Égouttez à travers un coton à fromage.
4. Refroidissez.
5. Versez le reste de l'eau dans la casserole; ajoutez le sucre, le miel, les zeste d'orange et de citron.
6. Mêlez bien; amenez à ébullition et faites bouillir 5 à 7 min.

7. Refroidissez et gardez au réfrigérateur.
8. Ajoutez le jus de citron au jus de fraises.
9. Coulez le sirop et ajoutez les fraises au sirop.
10. Versez dans un bol à punch sur des glaçons.

PUNCH AU CHOCOLAT

Portions: 8

Ingrédients:

1 bouteille de 28 on. de cola
1 bouteille de 28 on. d'eau gazéifiée
1 tasse de sirop de chocolat préparé
quelques gouttes d'essence de menthe

Préparation:

1. Faites le mélange du cola et de l'eau gazéifiée.
2. Versez sur le sirop de chocolat.
3. Ajoutez l'essence de menthe.
4. Versez sur des glaçons dans le bol à punch.

PUNCH AUX FRUITS

Portions: 8 à 10

Ingrédients:

4 tasses de jus d'ananas
1½ tasse de nectar d'abricot
¼ de tasse de jus de citron
½ tasse de sirop de maïs
2 tasses d'eau

Préparation:

1. Faites le mélange du jus d'ananas, du nectar d'abricot, du jus de citron et du sirop de maïs.
2. Au moment de servir, versez dans le bol à punch sur des glaçons et ajoutez l'eau.

PUNCH AU RAISIN

Portions: 10

Ingrédients:

2   btes de 6 on. de jus de raisin congelé
1   bte de 6 on. de jus d'orange congelé
¼   de tasse de jus de citron
3   tasses d'eau
1   bouteille de 30 on. de soda water (tonique)

Préparation:

1. Faites le mélange des jus de raisin, d'orange et de citron et ajoutez l'eau.
2. Refroidissez.
3. Juste avant de servir, versez sur des glaçons dans le bol à punch.
4. Ajoutez le soda water (tonique).

PUNCH AU RHUM

Portions: 8

Ingrédients:

½   tasse d'eau
¾   de tasse de sucre
¾   de tasse de rhum blanc
3   c. à tab. de jus de citron
1   tasse de jus d'ananas
1   bouteille de 30 on. d'eau gazéifiée

Préparation:

1. Faites bouillir l'eau et le sucre 5 min.
2. Ajoutez le rhum, le jus de citron et le jus d'ananas.
3. Au moment de servir, versez le mélange sur des glaçons dans le bol à punch.
4. Ajoutez l'eau gazéifiée.

PUNCH AU THÉ À L'ABRICOT

Portions: 8

Ingrédients:

1½ tasse d'eau bouillante
3   sachets de thé
⅓   de tasse de sucre
¼   de tasse de jus de citron
1   tasse de jus d'orange
1   bte de 12 on. de nec-

Préparation:

1. Versez l'eau bouillante sur le thé.
2. Infusez cinq minutes.
3. Enlevez les sachets.
4. Ajoutez le sucre, brassez pour dissoudre.
5. Refroidissez.

tar d'abricot
1 bouteille de 28 on. de
Ginger Ale

6. Ajoutez les jus de citron et d'orange et le nectar d'abricot.
7. Refroidissez.
8. Juste au moment de servir, versez sur des glaçons dans le bol à punch.
9. Ajoutez le Ginger Ale.

PUNCH AU SAUTERNE

Portions: 8 à 10

Ingrédients:

1 tasse d'eau
1 tasse de sucre
4 limes
2 tasses de Sauterne sec
2 tasses de jus de pamplemousse
1 bouteille de 30 on. d'eau gazéifiée

Préparation:

1. Faites bouillir l'eau et le sucre 5 min.
2. Refroidissez.
3. Râpez finement le zeste de 2 limes.
4. Extrayez le jus des 4 limes.
5. Faites le mélange du sirop, du zeste, du jus de pamplemousse et du Sauterne.
6. Pour servir, versez dans le bol à punch sur des glaçons et ajoutez l'eau gazéifiée.

PUNCH AU THÉ ET AUX FRUITS

Portions: 6

Ingrédients:

¼ de tasse de miel
1¼ tasse de thé fort, chaud
½ tasse de jus d'orange
¼ de tasse de jus de citron
⅔ de tasse d'eau froide
1 grosse bouteille de Ginger Ale
tranches d'orange et de citron pour garniture

Préparation:

1. Faites dissoudre le miel dans le thé chaud.
2. Refroidissez et ajoutez les jus d'orange et de citron ainsi que l'eau.
3. Juste au moment de servir, versez sur les glaçons dans le bol à punch.
4. Ajoutez le Ginger Ale et garnissez de tranches d'orange et de citron.

PUNCH GRENADINE

Portions: 15 à 20

Ingrédients:

3 tasses de jus d'orange
1½ tasse de jus de citron
1½ tasse de sirop de
    grenadine
2 grosses bouteilles de
    Ginger Ale

Préparation:

1. Faites le mélange des jus d'orange et de citron et du sirop de grenadine.
2. Au moment de servir, versez le mélange sur des glaçons et ajoutez le Ginger Ale.

Remarque:
Vous pouvez utiliser du jus frais, en conserve ou surgelé.

PUNCH JUS DE LA VIGNE

Portions: 8

Ingrédients:

½ tasse de jus de citron
5 tasses de jus de raisin
¼ de tasse de sucre
1 bouteille de Ginger
    Ale
    tranches d'orange

Préparation:

1. Faites le mélange du jus de citron et du jus de raisin; ajoutez le sucre, mêlez bien.
2. Versez sur des glaçons dans un bol à punch.
3. Ajoutez le Ginger Ale.
4. Faites flotter les tranches d'orange.

Remarque:
Pour une occasion spéciale, ce punch est bon servi avec du sorbet au citron.

PUNCH NICOLAS

Portions: 4

Ingrédients:

1½ tasse de bouillon de
    boeuf clarifié

Préparation:

1. Faites le mélange du bouillon, de la Vodka, du jus

⅔ de tasse de Vodka
jus de 1½ lime
pulpe de 2½ limes,
hachée très finement
3 gouttes de Tabasco
3 à 4 glaçons
4 tranches de con-
combre minces

et de la pulpe de limes, du Tabasco et des glaçons, dans un shaker.
2. Versez dans des verres Old Fashioned.
3. Garnissez chaque verre d'une mince tranche de concombre.

PUNCH ROSÉ

Portions: 15 à 20 min.
Cuisson: 5 min.

Ingrédients:

½ tasse d'eau
1 tasse de sucre
1 bouteille de vin rosé
2 tasses de jus d'orange
½ tasse de jus de citron
2 tasses de fraises
1 bouteille de 30 on. d'eau (gazéifiée)

Préparation:

1. Chauffez l'eau et le sucre, amenez au point d'ébullition; faites bouillir 5 min.
2. Refroidissez à demi.
3. Ajoutez le vin, le jus d'orange et le citron de même que les fraises.
4. Pour servir versez dans le bol à punch sur des glaçons.
5. Ajoutez l'eau gazéifiée.

PUNCH SOLEIL

Portions: 8
Cuisson: 5 min.

Ingrédients:

1 tasse de sucre
1½ tasse d'eau
2 bâtons de cannelle
6 clous de girofle
4½ tasses de jus d'ananas
2 tasses de jus d'orange
½ tasse de jus de citron

Préparation:

1. Mélangez le sucre, l'eau, la cannelle et le clou de girofle dans une casserole.
2. Faites cuire 5 min.
3. Ajoutez les jus.
4. Versez sur des glaçons dans un bol à punch.

THÉ GLACÉ AUX FRUITS

Portions: 6 à 8

Ingrédients:

1 **bte de 14 on.
d'ananas en tranches**
3 **oranges**
2 **citrons**
1 **pamplemousse**
¾ **de tasse de sucre fin
quelques feuilles de
menthe fraîche**
4 **tasses de thé
fraîchement infusé**

Préparation:

1. Coupez les tranches d'ananas en 4.
2. Mettez le sirop et les ananas dans le bol à punch.
3. Râpez le zeste de ½ citron et ½ orange.
4. Ajoutez au jus d'ananas.
5. Pressez 1 orange et 1 citron et ajoutez-les au mélange.
6. Pelez le pamplemousse, les 2 oranges et le citron de manière qu'il ne reste aucune peau blanche sur les fruits.
7. Coupez en sections, ajoutez les fruits au sirop d'ananas.
8. Saupoudrez de sucre.
9. Laissez macérer au frais au moins 1 heure.
10. Ajoutez le thé chaud, remettez au frais.
11. Au moment de servir, ajoutez les feuilles de menthe.
12. Ajoutez des glaçons dans le bol.

Q. *Qu'est-ce qu'un punch?*
R. C'est un mélange d'une liqueur forte avec divers ingrédients (jus de citron, thé, sucre, etc.).

Q. *Pouvez-vous définir autrement les punches?*
R. Mélange de jus de fruits rafraîchis que l'on sert dans des verres.

Q. *Combien d'ingrédients entrent dans la composition d'un punch?*
R. On en retrouve cinq dans le punch anglais:
1. Des fruits citrins avec leur zeste
2. Du thé bouillant
3. Du sucre
4. De la cannelle
5. Du rhum.

Q. *Quelle différence y a-t-il entre le punch anglais et le punch français?*
R. Dans le punch français nous mettons moins de thé et nous remplaçons souvent le rhum par du cognac.

Q. *Est-il facile de se procurer un punch préparé?*
R. Vous pouvez vous procurer du punch vendu en bouteilles qui est un sirop de punch auquel il ne vous reste plus qu'à ajouter de l'eau bouillante et à servir sur glaçons.

COCKTAILS:
Q. *Que sont les cocktails?*
R. Les cocktails sont des mélanges de liquides, plus ou moins alcoolisés, servis frappés après avoir été agités avec de la glace concassée dans un shaker.

LES HORS-D'OEUVRE ET LES ENTRÉES

Quoi de plus délicieux et de plus rafraîchissant à la fois que cette dégustation de hors-d'oeuvres et d'entrées qui fondent sous le palais! Ils aiguisent l'appétit tout en rompant la monotonie des menus. N'oublions pas cependant que tous ces superflus de table, ces trompe-l'attente et amuse-gueule, doivent leur nom au fait qu'ils sont "hors-d'oeuvre", hors le principal du repas.

ARTICHAUTS FARCIS *Photo page 133*

Portions: 6
Cuisson: ½ à 1 h.

Ingrédients:

3   artichauts
    eau bouillante salée
    jus de 1 citron
4   tomates en dés
1   bte (7 on.) de saumon
    ou de thon

Sauce:

1   c. à t. de moutarde
    sèche
    sel, poivre
1   c. à tab. de vinaigre
    de vin
⅓   de tasse d'huile
1   oignon haché
1   c. à tab. de ciboulette
    hachée
1   gousse d'ail émincé
    basilic

Préparation:

1. Parez les artichauts, égalisez les pointes des feuilles avec un ciseau.
2. Lavez-les dans plusieurs eaux et faites-les cuire à l'eau bouillante salée et citronnée.
3. Égouttez-les et refroidissez-les.
4. Blanchissez les tomates; pelez-les, égrainez-les et coupez-les en petits dés.
5. Divisez en lamelles le thon ou le saumon.
6. Tranchez en deux les artichauts froids et ôtez les feuilles du milieu ainsi que le foin.
7. Grattez à la fourchette la pulpe d'artichaut à la base des feuilles enlevées et gardez-la en réserve.

8. Préparez la sauce: délayez la moutarde, le sel, le poivre, le vinaigre, la pulpe d'artichaut, l'huile et l'oignon; tournez comme une mayonnaise.
9. Ajoutez la ciboulette, le basilic et l'ail.
10. Mélangez la sauce avec les dés de tomates et de poisson.
11. Farcissez-en les demi-artichauts évidés.
12. Servez frais.

Remarque:
Le temps de cuisson des artichauts dépend de leur grosseur et de leur fraîcheur; vérifiez en arrachant au bout d'une demi-heure, une des feuilles; aussi longtemps que vous sentirez une résistance, continuez la cuisson.

CÉLERI RÉMOULADE

Portions: 8

Ingrédients:

1 pied de céleri rave
  jus de citron
1 tasse de mayonnaise
¼ de tasse de cornichons hachés
1 c. à tab. de câpres
2 c. à t. de moutarde préparée
1 c. à t. de persil haché
  estragon, cerfeuil

Préparation:

1. Épluchez le céleri, râpez-le, arrosez-le au fur et à mesure de jus de citron.
2. Ajoutez les cornichons, les câpres, la moutarde, le persil, l'estragon et le cerfeuil à la mayonnaise.
3. Mélangez la sauce et le céleri râpé.

ASPIC D'AVOCAT ET CREVETTES

Portions: 6

Ingrédients:

1 c. à tab. de gélatine
3 c. à tab. d'eau froide
1 tasse d'eau bouillante
1 tasse d'avocat passé au
  tamis
¾ de c. à t. de sel
½ c. à t. de sauce
  Worcestershire
¼ de tasse de piment
  rouge en conserve,
  émincé
1½ tasse de crevettes
  cuites

Préparation:

1. Gonflez la gélatine à l'eau froide.
2. Faites dissoudre dans l'eau bouillante.
3. Ajoutez l'avocat, le sel, la sauce et le piment.
4. Refroidissez à demi.
5. Ajoutez les crevettes.
6. Versez dans un moule huilé de 4 tasses environ.
7. Refroidissez.
8. Démoulez sur de la laitue.

Remarque:
Vous pouvez remplacer les crevettes par du homard, du saumon, etc.

AVOCATS AUX CREVETTES

Portions: 6

Ingrédients:

3 avocats
½ lb. de crevettes
3 c. à tab. d'huile
  jus de 1 citron
  une pointe de moutarde sèche
  sel, poivre
12 olives farcies
  tranchées

Préparation:

1. Faites le mélange de l'huile, du jus de citron, de la moutarde, du sel et du poivre.
2. Ajoutez les crevettes et les olives; mélangez bien.
3. Dans chaque avocat ouvert en deux, répartissez la préparation.

Remarque:
Si les crevettes sont grosses, vous pouvez les couper. Vous pouvez utiliser les crevettes de Matane.

BARQUETTES AU ROQUEFORT

Portions: 6

Ingrédients:

½ tasse de roquefort
⅓ de tasse de beurre
3 c. à tab. de Porto
   paprika
2 c. à tab. de crème
   fouettée
6 barquettes cuites

Préparation:

1. Travaillez le beurre, ajoutez le roquefort, le Porto, le paprika et la crème fouettée.
2. Remplissez les barquettes.
3. Laissez prendre au froid.

CHAMPIGNONS MARINÉS

Portions: 8
Cuisson: 25 min.

Ingrédients:

1 lb. de champignons
   tranchés
¼ de tasse de vin blanc
   sec
2 c. à tab. d'huile
   le jus de 1 citron
1 c. à tab. de concentré
   de tomate
   thym, laurier
   sel, poivre

Préparation:

1. Mettez dans une casserole le vin blanc, l'huile, le jus de citron, le concentré de tomate, le thym, le laurier, le sel et le poivre.
2. Faites cuire doucement à découvert environ 15 min. La sauce doit réduire un peu.
3. Ajoutez les champignons et continuez la cuisson pendant 10 min. à couvert.
4. Laissez au réfrigérateur pendant une journée avant de servir.

CHAMPIGNONS FARCIS AU FOIE DE POULET

Portions: 18 champignons
Cuisson: 20 min.

Ingrédients:

18 champignons
    beurre, huile
1 petit oignon haché
½ lb. de foies de poulet
    cuits, hachés
1 tasse de mie de pain
½ tasse de bouillon de
    poulet
¼ de tasse de persil
    haché
    jus de 1 citron
    thym, sarriette
    sel, poivre

Préparation:

1. Lavez les champignons.
2. Enlevez la tige; coupez-la finement,
3. Chauffez le beurre et l'huile; faites revenir l'oignon et les tiges de champignons.
4. Retirez du feu, ajoutez les foies de poulet cuits, la mie de pain, le bouillon de poulet, le persil, le jus de citron, le thym, la sarriette, le sel, le poivre.
5. Mélangez parfaitement.
6. Remplissez les têtes de champignons.
7. Placez-les dans une lèchefrite.
8. Faites cuire au four à 375°F. environ 20 min.
9. Servez chaud.

CONCOMBRES EN SALADE

Portions: 8

Ingrédients:

3 concombres
    sel
    sauce yoghourt

Préparation:

1. Pelez les concombres.
2. Coupez-les en rondelles.
3. Saupoudrez-les de gros sel.
4. Laissez-les dégorger pendant 1 h.
5. Passez-les sous le robinet d'eau froide pour éliminer l'excès de sel.

Sauce yoghourt

2 **yoghourts**
jus de 1 citron
1 **c. à t. de moutarde**
préparée
1 **c. à t. de persil haché**

6. Asséchez-les et mélangez-les à la sauce yoghourt.
7. Saupoudrez de persil.
8. Faites le mélange de tous les ingrédients.

Remarque:
Vous pouvez remplacer la sauce yoghourt par une vinaigrette.

CRÊPES FARCIES AU JAMBON

Portions: 6

Ingrédients:

12 **crêpes (voir recette Cuisine d'automne, p. 185)**
3 **oeufs durs**
1 **tasse de jambon haché**
¼ **de tasse de crème 15%**
sel, poivre
¼ **de t. de fromage de Gruyère râpé**
beurre

Préparation:

1. Hachez les oeufs durs.
2. Mélangez-les avec le jambon, la crème, le sel et le poivre.
3. Farcissez les crêpes de cette préparation.
4. Roulez-les.
5. Mettez-les dans un plat à gratin beurré.
6. Parsemez de fromage râpé et de noisettes de beurre.
7. Gratinez au four à 400°F.

Remarque:
Ajoutez plus de crème au besoin, ou de la mayonnaise. Remplacez le fromage Gruyère par du Cheddar ou un autre.

CRABES FARCIS

Portions: 6
Cuisson: 35 à 40 min.

Ingrédients:

3	**lb. de crabes cuits**
	beurre
½	**lb. de champignons**
¼	**de tasse d'Armagnac**
	ou de Cognac
1	**pincée de safran**
	sel, poivre
1	**c. à tab. de farine**
¼	**de tasse de crème 15%**
	chapelure
	beurre

Préparation:

1. Prenez d'une main la carcasse de chaque crabe refroidi et de l'autre main le centre du train de pattes et tirez.
2. Cassez les pattes et pressez-les.
3. Àl'aide d'un crochet, retirez la chair tendre et foncée de l'intérieur de la carcasse.
4. Détachez la poche stomacale située sous les yeux et enlevez les parties et filaments blanc-grisâtre qui, comme l'estomac ne sont pas comestibles.
5. Retirez la chair blanche mais gardez-la séparée de la chair foncée déjà enlevée.
6. Brisez les pinces et enlevez-en la chair.
7. Gardez quelques petites pattes pour la garniture.
8. Chauffez le beurre, faites cuire les champignons hachés 5 min.
9. Ajoutez la chair blanche des crabes coupée en morceaux.
10. Flambez au Cognac ou à l'Armagnac.
11. Assaisonnez, ajoutez le safran, la farine, les parties foncées des crabes et la crème.
12. Remplissez les carcasses de cette préparation.

13. Parsemez de chapelure et de noisettes de beurre.
14. Faites gratiner 10 à 15 min. au four à 425°F.

Remarque:
Le crabe se cuit à l'eau bouillante salée.

COCKTAIL DE CRABE

Portions: 4

Ingrédients:

½ tasse de catsup
2 c. à tab. de jus de citron
quelques gouttes de Tabasco
2 c. à t. de sauce Worcestershire
1 c. à tab. de câpres
1 c. à t. d'oignon haché
2 tasses de crabe émietté
tranches de citron

Préparation:

1. Faites le mélange de tous les ingrédients excepté le crabe.
2. Placez le crabe dans des verres à cocktail.
3. Versez la sauce dessus.
4. Garnissez de tranches de citron.
5. Servez très froid.

PIMENTS ROUGES À L'HUILE

Portions: 8
Cuisson: 5 à 10 min.

Ingrédients:

3 piments rouges doux
1 tasse d'huile
2 ou 3 gousses d'ail haché
menu

Préparation:

1. Faites griller les piments de tous les côtés.
2. Retirez la peau qui s'est boursouflée en cuisant.
3. Retirez les graines de l'intérieur.
4. Faites mariner les piments dans l'huile avec l'ail pendant 1 journée.
5. Servez froid.

PLATEAU DE CANAPÉS *Photo page 133*

CANAPÉS AUX CREVETTES

Ingrédients:

Beurre de crevettes
Crevettes décortiquées
Persil

Préparation:

1. Tartinez les canapés de beurre de crevettes.
2. Garnissez de crevettes décortiquées.
3. Décorez de persil.

CANAPÉS AU CRESSON ET JAUNES D'OEUFS

Ingrédients:

Mayonnaise
Cresson
Jaunes d'oeufs cuits durs, hachés

Préparation:

1. Canapés frits au beurre.
2. Tartinez de mayonnaise.
3. Décorez de cresson, de jaunes d'oeufs cuits durs, hachés.

CANAPÉS AUX ANCHOIS

Ingrédients:

Beurre d'anchois
Blanc d'oeuf dur, haché
Persil haché
Filets d'anchois

Préparation:

1. Tartinez les canapés de beurre d'anchois.
2. Faites adhérer d'un côté du canapé la moitié du blanc d'oeuf dur, haché, et l'autre moitié du jaune d'oeuf cuit dur, haché.
3. Bordez de persil haché.
4. Garnissez de filets d'anchois.

CANAPÉS DE FROMAGE ET SAUMON

Ingrédients:

3 on. de fromage à la crème
2 c. à tab. de crème sure
¼ de tasse de saumon fumé émietté
1 c. à tab. d'oignon haché
quelques gouttes de Tabasco

Préparation:

1. Crémez le fromage, ajoutez la crème sure, le saumon, l'oignon, le Tabasco; mélangez parfaitement.
2. Étendez sur des canapés.

CANAPÉS AU JAMBON OU AU SAUMON FUMÉ

Ingrédients:

Jambon ou saumon fumé
Beurre
Rondelles de pain grillé
Jaunes d'oeufs
Olives noires

Préparation:

1. Beurrez les rondelles de pain.
2. Garnissez d'une tranche de jambon ou de saumon fumé.
4. Garnissez d'une demi-olive noire.

CANAPÉS CARDINAL

Ingrédients:

Beurre
Mayonnaise
Poivre, paprika
Homard

Préparation:

1. Taillez les canapés, faites-les griller.
2. Tartinez-les de beurre.
3. Garnissez-les de mayonnaise relevée au poivre et au paprika.
4. Placez au centre de chaque canapé une lame de homard.

CANAPÉS POINTES D'ASPERGES

Ingrédients:

Beurre
Minces tranches de blanc
de volaille
Pointes d'asperges

Préparation:

1. Tartinez les canapés.
2. Déposez sur chacun une mince tranche de blanc de volaille.
3. Placez des pointes d'asperges dessus.

CANAPÉS AUX FINES HERBES

Ingrédients:

Beurre
Fines herbes
Saumon fumé — langue
— jambon
Cornichons

Préparation:

1. Tartinez les canapés de beurre aux fines herbes.
2. Déposez sur le beurre soit une tranche de langue, de saumon fumé ou de jambon.
3. Garnissez de cornichons.

CANAPÉS AU CAVIAR

Préparation:

Beurre
Caviar
Citron

1. Tartinez les canapés de beurre ramolli.
2. Placez le caviar sur les canapés.
3. Garnissez d'un filet de citron.

FONDS D'ARTICHAUTS ET COEURS DE PALMIERS

Portions: 8

Ingrédients:

1 bte de fonds
d'artichauts
1 bte de coeurs de
palmiers

Préparation:

1. Égouttez les fonds d'artichauts et les coeurs de palmiers.
2. Coupez-les en morceaux.

Vinaigrette

1 c. à tab. de moutarde
¼ de tasse de jus de citron
¾ de tasse d'huile
sel
poivre en grains
persil haché

3. Arrosez de vinaigrette préparée avec les ingrédients indiqués.
4. Servez frais.

ROULEAUX AU FROMAGE ET AU BACON

Portions: 24
Cuisson: 20 min.

Ingrédients:

6 tranches de pain minces
12 tranches de bacon
1 tasse de fromage Cheddar râpé

Préparation:

1. Enlevez les croûtes du pain.
2. Coupez chaque tranche en 4 carrés.
3. Coupez les tranches de bacon en 2.
4. Étendez un carré de pain sur chaque morceau de bacon.
5. Saupoudrez de fromage.
6. Roulez.
7. Fixez avec des cure-dents.
8. Placez sur un grillage ou sur une tôle.
9. Saupoudrez les rouleaux avec le reste du fromage.
10. Placez au four à 400°F. environ 20 min. ou jusqu'à doré.
11. Servez immédiatement.

Remarque:
Ces rouleaux se préparent à l'avance; vous les mettez au four juste au moment de servir.

Q. *Comment peut-on définir les hors-d'oeuvre?*

R. Ce sont des apprêts considérés comme étant en dehors du menu. Ils se servent avant le repas, alors ils doivent être très délicats et peu volumineux.

Q. *En combien de catégories classe-t-on les hors-d'oeuvre?*

R. On les classe en deux catégories principales: les hors-d'oeuvre froids et les chauds.

Q. *De quels éléments se composent les hors-d'oeuvre froids?*

R. Ils se composent d'un seul ou de plusieurs éléments; souvent coupés en dés et assaisonnés à des vinaigrettes dans lesquelles entrent de la moutarde ou de la sauce mayonnaise, on ajoute des beurres composés ou des farces.

Q. *Est-ce qu'il y a une règle à observer dans la préparation des hors-d'oeuvre?*

R. Dans cette préparation il faut surveiller le dressage afin qu'il soit attrayant, gracieux et original.

Q. *Pouvons-nous citer d'autres points sur lesquels il faudrait apporter une attention toute particulière?*

R. Oui:
1. Dans le choix de la vaisselle.
2. Des garnitures: elles sont décoratives et doivent se composer d'éléments entièrement comestibles.
3. Du complément habituel qui est un feuillage bien vert et frais.

Q. *Quelles garnitures pourrions-nous utiliser pour varier le décor des hors-d'oeuvre?*

R. Nous avons le cerfeuil, l'estragon, le cresson, les coeurs de laitue, les demi-tranches de citron, les betteraves, les câpres, les cornichons, les petits oignons au vinaigre, les gros oignons partagés en anneaux ou hachés, les haricots verts, les pointes d'asperges, les petits pois, les carottes, les navets cuits, les radis, le poireau blanc, les piments verts et les rouges, les champignons et les truffes.

Q. *Quels sont les éléments qui composent les hors-d'oeuvre chauds?*

R. Il y a
   a) les beignets.
   b) les croquettes.

c) les barquettes garnies.

d) les canapés.

a) **beignets:** de viande, de volaille, de poisson, de légumes, préalablement cuits, trempés dans la pâte à frire et frits.

b) **croquettes:** on en prépare aussi avec de la pâte à chou ordinaire, non sucrée.

Q. Comment prépare-t-on les beignets?

R. 1. Détaillez en escalopes, en morceaux, en carrés ou autrement, l'aliment qu'on a préalablement fait cuire.

2. Faites mariner une demi-heure avec de l'huile, du citron, du vinaigre, du persil haché, du sel et du poivre, suivant les éléments de base.

3. Trempez dans la pâte à frire légère.

4. Plongez dans la friture très chaude, faites frire jusqu'à belle couleur blonde.

5. Égouttez sur un papier absorbant.

6. Assaisonnez de sel fin et dressez sur une serviette ou autrement.

Q. Qu'appelle-t-on barquettes?

R. Ce sont des tartelettes de forme ovale, foncées de pâtes diverses (feuilletage) pâte à foncer cuite à blanc.

Q. Comment les prépare-ton?

R. 1. Foncez des moules à barquettes ovales, cannelés ou unis, beurrés.

2. Piquez le fond de la barquette afin d'empêcher la pâte de gonfler.

3. Mettez dans chaque moule un morceau de papier brun et remplissez-le de pois cassés (ceux-ci peuvent servir indéfiniment). Ils ont pour but de conserver les croûtes creuses.

4. Faites cuire au four, à chaleur douce, 12 à 15 min.

5. Retirez le papier et le remplissage.

6. Démoulez les barquettes.

Q. Comment se servent les barquettes?

R. Lorsqu'elles sont garnies, servez-les telles quelles. Ou saupoudrez-les de mie de pain frite au beurre ou de fromage. Faites-les gratiner.

Q. Pouvons-nous servir les barquettes comme entrée?

R. Oui, servies comme petite entrée; dans ce cas les faire un peu plus grandes que pour hors-d'oeuvre.

Q. *Qu'est-ce qu'un canapé?*

R. C'est une tranche de pain grillé ou naturel, de formes diverses et de petites dimensions. On choisit la sorte de pain et la sorte de beurre selon le goût et selon la garniture.

LES POTAGES

LES POTAGES

Il faut un certain courage pour parler de soupe quand il fait 90°F. à l'ombre, n'est-ce pas? Et pourtant c'est le moment de profiter des bienfaits du soleil et des chaudes ondées de l'été qui font éclater le miracle maraîcher. Les légumes frais de nos jardins sont gorgés de minéraux et de vitamines, ce serait un crime d'en faire fi. Si vous vous apercevez que les amateurs de "la bonne soupe chaude" sont moins nombreux, faites-leur retrouver leur enthousiasme en leur servant un délicieux potage froid dont vous trouverez plusieurs recettes dans ce chapitre. Et s'il y a encore des récalcitrants, servez-leur une soupe aux fruits... pourquoi pas?

CONSOMMÉ AUX DIABLOTINS

Portions: 6
Cuisson: 20 min.

Ingrédients:

6	tasses de consommé
2	c. à tab. de tapioca minute
1	tasse de sauce no 3
⅓	de tasse de Parmesan
12	rondelles de pain (baguette)

Préparation:

1. Faites chauffer le consommé,
2. Ajoutez le tapioca.
3. Faites le mélange de la sauce et du Parmesan.
4. Nappez les rondelles de pain.
5. Faites griller au four.
6. Servez le consommé avec les diablotins.

POTAGE CHAMPENOIS

Portions: 6
Cuisson: 30 à 40 min.

Ingrédients:

¼	de tasse de beurre
½	poireau coupé finement

Préparation:

1. Chauffez le beurre.
2. Faites revenir le poireau.

3 pommes de terre coupées en dés	3. Ajoutez les pommes de terre, l'eau bouillante, salez, poivrez.
6 tasses d'eau bouillante	4. Faites cuire 20 à 30 min. Vérifiez l'assaisonnement.
sel, poivre	
6 tranches de pain	5. Saupoudrez les tranches de pain avec le fromage Gruyère râpé et faites gratiner au four à 400°F.
½ tasse de fromage râpé	

6. Pour servir, placez les tranches de pain au fond de la soupière et versez la soupe dessus.

POTAGE DUBARRY

Portions: 6
Cuisson: 40 min.

Ingrédients:

1 chou-fleur en fleurettes
6 tasses d'eau
beurre
1 oignon
4 pommes de terre
sel, poivre
1 jaune d'oeuf
¼ de tasse de crème
1 c. à tab. de beurre
cerfeuil

Préparation:

1. Faites cuire le chou-fleur à l'eau bouillante salée 10 min.
2. Égouttez, réservez quelques bouquets et l'eau de la cuisson.
3. Chauffez le beurre, faites revenir l'oignon haché, le chou-fleur et les pommes de terre coupées en dés.
4. Mouillez avec l'eau de la cuisson.
5. Assaisonnez et laissez cuire environ 30 min.
6. Passez au blender.
7. Battez le jaune d'oeuf et la crème dans la soupière.
8. Versez le potage en continuant de battre.
9. Ajoutez le beurre en noisettes et les bouquets réservés.
10. Saupoudrez de cerfeuil.

GAZPACHO *Photo page 131*

Portions: 6

Ingrédients:

8 tomates
1 oignon en dés
1 concombre
2 gousses d'ail
1 tranche de pain
4 tasses de bouillon
  sel, poivre

Préparation:

1. Blanchissez les tomates; pelez-les.
2. Pelez le concombre, enlevez les graines, coupez-le.
3. Passez au blender les tomates, les oignons, le concombre, l'ail et le pain qui est trempé dans le bouillon.
4. Salez, poivrez, ajoutez le bouillon.
5. Mettez au réfrigérateur jusqu'au moment de servir (2 à 3 h.).

Garnitures:

Coupez en petits dés du piment vert, du piment rouge, du concombre, de l'oignon, de petits croûtons passés dans l'huile et égouttés.

Remarque:

Vous présentez ces garnitures dans de petits plats et chaque convive en saupoudre à son goût.
Servez, éventuellement, avec quelques glaçons.

POTAGE FROID AU CRESSON

Portions: 6
Cuisson: 30 à 35 min.

Ingrédients:

1 paquet de cresson
  beurre
1 tasse de poireau

Préparation:

1. Nettoyez le cresson.
2. Faites-le revenir dans le beurre.

1 tasse de carottes	3. Hachez-le grossièrement; mettez-le de côté.
1 tasse de céleri	
½ tasse de haricots verts	4. Chauffez du beurre et faites revenir tous les légumes.
3 tasses d'eau	
sel, poivre	5. Ajoutez l'eau; assaisonnez et laissez cuire 30 à 35 min.
½ tasse de crème 15%	
persil haché	6. Passez au blender.
	7. Ajoutez le cresson haché, la crème et le persil.

Remarque:
Vous pouvez utiliser les légumes que vous avez sous la main; plus ils seront variés, meilleur sera le potage.
Ajoutez du liquide si nécessaire.
Servez avec des garnitures comme pour le Gazpacho.

POTAGE À L'OSEILLE

Portions: 6
Cuisson: 30 min.

Ingrédients:

2 paquets d'oseille
3 pommes de terre
beurre
1 c. à tab. de farine
sel, poivre
5 tasses d'eau
¼ de tasse de crème
croûtons frits

Préparation:

1. Lavez l'oseille, pelez les pommes de terre et coupez-les en quartiers.
2. Chauffez le beurre, ajoutez l'oseille.
3. Faites cuire à feu doux en remuant à la cuillère de bois jusqu'à ce que l'oseille forme comme une purée.
4. Ajoutez la farine, faites cuire en remuant 1 min.
5. Ajoutez l'eau, le sel, les pommes de terre. Dès qu'elles sont cuites passez-les au blender.
6. Ajoutez la crème et le poivre.
7. Servez avec des croûtons frits.

CRÈME DE LAITUE

Portions: 6
Cuisson: 15 à 20 min.

Ingrédients:

1	laitue
¼	de tasse de beurre
2	c. à tab. de farine
2	tasses de lait
½	tasse de crème 15%
	sel, poivre

Préparation:

1. Parez, lavez la laitue.
2. Blanchissez la laitue quelques minutes dans un peu d'eau bouillante salée.
3. Passez à l'eau froide, pressez légèrement, coupez.
4. Placez dans une casserole, ajoutez 2 c. à tab. de beurre, couvrez, laissez étuver environ 10 min. sur un feu doux. Réservez 2 c. à tab. de laitue.
5. Chauffez 2 c. à tab. de beurre, ajoutez la farine, faites cuire.
6. Retirez du feu, ajoutez le lait, mêlez bien.
7. Remettez sur le feu et faites cuire en brassant jusqu'à épaississement.
8. Passez la sauce et la laitue au blender, salez, poivrez.
9. En dernier lieu ajoutez la crème, les deux cuillerées de laitue réservées.
10. Servez.

POTAGE FROID AUX TOMATES

Portions: 6
Cuisson: 15 min.

Ingrédients:

6	tomates
	un peu d'estragon
	sel, poivre
1	c. à t. de sucre

Préparation:

1. Coupez les tomates en quartiers.
2. Faites-les cuire avec un peu d'eau, de l'estragon, du sel,

4 tasses de bouillon
1 c. à tab. de cerfeuil
¼ de tasse de crème à 15%
¼ de tasse de petits dés de concombre

du poivre et du sucre, pendant 15 min.
3. Passez au tamis fin; ajoutez à cette purée le bouillon, le cerfeuil et la crème.
4. Mettez au réfrigérateur jusqu'au moment de servir.
5. Ajoutez alors les petits dés de concombre.

POTAGE CRÈME DE CREVETTES

Portions: 6
Cuisson: 25 min.

Ingrédients:

1 lb. de crevettes cuites et décortiquées
beurre
1 oignon émincé
1 carotte hachée
1 tasse de céleri en cubes
1 tasse de vin blanc
4 tasses d'eau
1 c. à tab. de concentré de tomate
1 gousse d'ail
thym, laurier
sel, poivre
¼ de tasse de crème 15%
1 jaune d'oeuf

Préparation:

1. Réservez les plus belles crevettes pour mettre en dernier lieu sur le potage.
2. Chauffez le beurre; faites revenir les légumes.
3. Ajoutez les crevettes.
4. Mouillez avec le vin blanc et l'eau.
5. Ajoutez le concentré de tomate, la gousse d'ail, le thym, le laurier, le sel, le poivre.
6. Laissez cuire à couvert environ 20 min.
7. Passez au blender.
8. Faites la liaison avec la crème et le jaune d'oeuf.
9. Rectifiez l'assaisonnement.
10. Versez dans la soupière et décorez avec les crevettes réservées que vous aurez réchauffées à part dans un peu de bouillon.

Remarque:
Vous pouvez omettre le vin et le remplacer par de l'eau.

SOUPE À L'AIL

Portions: 6
Cuisson: 30 min.

Ingrédients:

6 tasses d'eau
6 gousses d'ail
   thym, sauge
1 feuille de laurier
   sel, poivre
1 c. à tab. de beurre
¼ de tasse de vermicelle
1 jaune d'oeuf
6 tranches de pain
   persil

Préparation:

1. Faites bouillir l'eau avec l'ail écrasé, le thym, la sauge, la feuille de laurier, le sel, le poivre et le beurre, 15 min.
2. Passez à travers une passoire fine.
3. Ajoutez le vermicelle et continuez la cuisson 15 min.
4. Versez dans la soupière sur le jaune d'oeuf battu et sur les tranches de pain saupoudrées de persil haché.

SOUPE À LA RHUBARBE ET AUX FRAISES

Portions:8
Cuisson: 15 min.

Ingrédients:

3 tasses de rhubarbe
3 tasses de fraises
2 tasses d'eau
1 tasse de sucre
¼ de tasse de sherry
1 tasse de fraises
   tranchées

Préparation:

1. Lavez la rhubarbe, coupez-la en morceaux de 1 po.
2. Lavez et équeutez les fraises.
3. Placez la rhubarbe, le sucre et l'eau dans une casserole, amenez à ébullition, couvrez et laissez mijoter environ 12 à 15 min. ou jusqu'à ce que la rhubarbe soit tendre.
4. Égouttez, pressez la pulpe pour extraire le jus.
5. Passez au blender 3 tasses de fraises avec le jus de rhubarbe.
6. Versez dans un bol.

7. Placez au réfrigérateur.
8. Au moment de servir ajoutez le sherry et 1 tasse de fraises tranchées.

Remarque:
Vous pouvez ajouter du sucre au goût.

SOUPE FROIDE AU CONCOMBRE

Portions: 6
Cuisson: 10 min.

Ingrédients:

3   concombres
2   c. à tab. de beurre
2   c. à tab. de farine
1   tasse de bouillon de poulet
½   tasse de lait
    sel, poivre
½   tasse de crème 15% ciboulette

Préparation:

1. Pelez les concombres; coupez-les en deux dans le sens de la longueur; enlevez les graines; coupez-les en morceaux.
2. Chauffez le beurre, ajoutez les concombres, faites cuire quelques minutes.
3. Ajoutez la farine; mêlez bien; faites cuire quelques minutes.
4. Retirez du feu; ajoutez le lait et le bouillon.
5. Remettez à cuire sur un feu doux en brassant constamment 6 à 8 min.
6. Salez, poivrez. Passez le tout au blender.
7. Versez dans un bol, ajoutez la crème.
8. Vérifiez l'assaisonnement.
9. Placez au réfrigérateur jusqu'à ce que ce soit très froid.
10. Servez en tasse; saupoudrez de ciboulette.

Remarque:
Si la soupe est trop épaisse vous pouvez ajouter plus de bouillon.

SOUPE AU THON

Portions: 6
Cuisson: 25 min.

Ingrédients:

	beurre et huile
2	**oignons émincés**
1	**carotte hachée**
1	**branche de céleri**
	haché
3	**tasses d'eau**
4	**pommes de terre en**
	morceaux
1	**c. à tab. de concentré**
	de tomate
	sel, poivre
	muscade, thym
	laurier
1	**bte (14 on.) de thon**
	persil haché

Préparation:

1. Chauffez le beurre et l'huile.
2. Faites revenir les oignons, les carottes et le céleri.
3. Mouillez avec l'eau.
4. Ajoutez les pommes de terre et le concentré de tomate, le sel, le poivre, la muscade, le thym et le laurier.
5. Laissez cuire 20 min.
6. Ajoutez le thon, continuez la cuisson pendant 5 min.
7. Saupoudrez de persil haché
8. Servez.

Remarque:
Vous pouvez utiliser des restes de poisson.

SOUPE FROIDE AUX ASPERGES

Portions: 6
Cuisson: 15 min.

Ingrédients:

1	**lb. d'asperges fraîches**
1	**bte de 10 on. de crème**
	d'asperges
1½	**tasse de lait**

Préparation:

1. Parez les asperges; faites-les cuire à l'eau bouillante salée jusqu'à ce qu'elles soient tendres.

¼ **de tasse de crème sure**
estragon
sel, poivre
persil

2. Passez les asperges et le liquide au blender ainsi que la crème d'asperges, le lait, la crème sure et l'estragon.
3. Salez, poivrez.
4. Placez au réfrigateur jusqu'à ce que ce soit bien froid.
5. Au moment de servir, garnissez chaque bol d'une cuillerée de crème et saupoudrez de persil.

Remarque:
Vous pouvez remplacer les asperges fraîches par des asperges surgelées; la cuisson sera de quelques minutes.

SOUPE PAYSANNE

Portions: 8
Cuisson: 55 min.

Ingrédients:

¼ **de chou**
½ **poireau**
2 **branches de céleri**
2 **carottes**
½ **navet**
2 **pommes de terre**
  beurre et huile
8 **tasses de bouillon**
  sel, poivre
⅓ **de tasse de riz**

Préparation:

1. Pelez tous les légumes et coupez- les en juliennes.
2. Chauffez le gras et faites revenir les légumes.
3. Mouillez avec le bouillon.
4. Salez et poivrez; laissez mijoter pendant 35 min.
5. Ajoutez le riz et continuez la cuisson pendant 20 min.

Remarques:
Servez à volonté avec du fromage râpé.
Accompagnez de croûtons frits.
Le riz peut être remplacé par du tapioca.

Q. *Est-ce possible d'améliorer un bouillon de légumes?*

R. Oui, en y ajoutant un jaune d'oeuf battu dans une tasse de lait.

Q. *Que doit-on faire lorsqu'une soupe est trop salée?*

R. Déposer dans cette soupe une ou deux pommes de terre pelées et passer la soupe; cela lui enlèvera le goût du sel.

Q. *Pouvons-nous utiliser le bouillon du pot-au-feu?*

R. Vous le consommez tel quel, ou vous ajoutez du vermicelle au goût.

Q. *Doit-on faire cuire les potages à gros bouillons?*

R. Non, car si vous les faites cuire de cette manière l'arôme disparaît, entraîné par la vapeur.

Q. *Quelle est la durée de cuisson*

    a. d'un potage aux légumes frais?

    b. d'un potage aux légumes secs?

R. a. Environ 1 h. à 1½ h. de cuisson.

    b. Environ 2 h à 2½ h. de cuisson.

Q. *Quelles sont les herbes et les épices qui peuvent agrémenter l'arôme des potages?*

R. Nous avons le persil, le fenouil, l'ail, la marjolaine, le cari, le poivre de Cayenne, etc.

Q. *Comment agrémenter des soupes et des potages?*

R. **Croûtons au beurre:** Coupez en dés des tranches de pain. Faites-les dorer dans la poêle avec du beurre chaud. Ajoutez-les au potage au moment de servir.

Croûtons frits: Coupez en dés des croûtes de pain que vous jetez dans la friture. Servez séparément avec le potage.

Vermicelle: Demande 15 à 20 minutes de cuisson.

Les pâtes d'Italie: La cuisson varie de 15 à 30 minutes. Citons: alphabets, petites perles, cheveux d'ange, macaronis, etc.

Le riz: Le faire cuire à l'eau bouillante salée pendant 5 min. puis l'égoutter et le passer à l'eau froide. Le cuire de nouveau durant 20 min. dans du bouillon en ébullition.

LE POISSON

LE POISSON

La saison de la pêche n'est pas seulement celle des bonnes histoires de pêche quand le bon pêcheur, et le moins bon, racontent, triomphants, avoir "vu" frétiller au bout de leur ligne, des pièces remarquables qui étaient longues et larges comme ça. Elle est aussi, pour toute la famille, l'occasion de se régaler, à bon compte, de poisson frais, richesse de nos lacs et de nos rivières.

Le poisson frais, aliment sain, nourrissant et de digestion facile, est un excellent mets pour les jours de chaleur. Rappelons à nos lectrices que nous avons consacré un chapitre au poisson, dans la Cuisine d'Automne, et un dans la Cuisine du Printemps. Dans ce dernier, elles trouveront aussi les conseils quant à l'achat et à la préparation de ce précieux aliment.

Ne manquez pas de faire remarquer au bon pêcheur de la famille, qu'un poisson bien nettoyé est bien plus apprécié de la maîtresse de maison qui doit le faire cuire, et c'est si facile de l'écailler et de le vider quand il sort de l'eau!

ACHIGAN FARCI

Portions: 6
Cuisson: 45 à 50 min.

Ingrédients:

1   **achigan de 4 lb.**
¼   **de tasse de beurre**
1   **oignon haché**
2   **tasses de mie de pain**
2   **c. à tab. de persil**
     quelques gouttes de jus de citron
5   **champigons coupés finement**
     crème 15%
     sel, poivre

Préparation:

1. Lavez et essuyez l'achigan; enlevez l'arête; salez-le à l'intérieur.
2. Chauffez le beurre, faites revenir l'oignon.
3. Enlevez du feu; ajoutez le pain, le persil, le jus de citron, les champignons et de la crème, juste pour lier.
4. Salez, poivrez.
5. Beurrez un plat allant au four.
6. Placez le poisson farci et

ajoutez un peu d'eau au fond de la casserole.

7. Couvrez et faites cuire au four à 400°F. environ 45 à 50 min.

8. Arrosez à toutes les 10 min. avec du beurre fondu et le liquide de la casserole.

Remarque:
Préparez une bonne béchamel no 2 (2 tasses) avec moitié liquide de la casserole et moitié lait. Vous pouvez faire une liaison avec un peu de crème et un jaune d'oeuf.

POISSON AU GRATIN

Portions: 6
Cuisson: 40 min.

Ingrédients:

¼ **de tasse de beurre**
¼ **de tasse de farine**
1 **oignon haché**
1 **gousse d'ail**
¾ **de tasse d'eau**
¾ **de tasse de vin blanc**
1 **clou de girofle**
    bouquet garni
    sel, poivre
1 **pincée de muscade**
2 **tasses de poisson cuit**

Préparation:

1. Chauffez le beurre, ajoutez la farine, brassez jusqu'à mousseux.

2. Ajoutez l'oignon, l'ail; faites revenir 2 min.

3. Enlevez du feu, ajoutez le vin et l'eau, le clou de girofle, le bouquet garni, mêlez parfaitement.

4. Remettez sur le feu et faites cuire jusqu'à épaississement.

5. Assaisonnez de sel, de poivre et de muscade.

6. Égouttez et versez dans un plat allant au four, ajoutez le poisson en morceaux.

7. Couvrez et faites cuire au four environ 25 min.

Remarque:
Vous pouvez remplacer l'eau et le vin par un bouillon de poulet.

AIGLEFIN AU GRATIN

Portions: 4
Cuisson: 50 min.

Ingrédients:

1 aiglefin de 2 lb.
jus de citron
sel, poivre, thym
beurre, huile
½ tasse de jambon en dés
1 petit oignon haché
1 c. à tab. de persil haché
1 petite échalote
½ lb. de champignons
½ tasse de court-bouillon
1 c. à tab. de beurre
1 c. à tab. de farine
½ tasse de chapelure
½ tasse de fromage râpé

Préparation:

1. Fendez l'aiglefin le long du dos et enlevez l'arête.
2. Arrosez de jus de citron, salez, poivrez.
3. Chauffez le gras; faites revenir le jambon, l'oignon, le persil, l'échalote et les champignons.
4. Ajoutez le court-bouillon et laissez mijoter 15 min.
5. Versez dans un plat allant au four; placez le poisson sur les légumes.
6. Faites le mélange du beurre et de la farine; étendez sur le poisson.
7. Salez, poivrez, ajoutez du thym.
8. Couvrez; faites cuire au four à 400°F. environ 25 min.
9. Enlevez le couvercle; vérifiez l'assaisonnement.
10. Saupoudrez du mélange fait de chapelure et de fromage.
11. Retournez le plat au four pour 10 min. ou jusqu'à ce que le poisson soit doré.

Remarque:
Servez dans le plat de cuisson et accompagnez de tomates cuites.

Portions: 12
Cuisson: filets: 20 à 30
min.
sauce: 20 min.

Ingrédients:

12	filets de sole
	sel, poivre
1	oignon haché
1	feuille de laurier
	thym
2	tasses de vin blanc
3	c. à tab. de gélatine
⅓	de tasse d'eau
3	tassses de béchamel No 2
2	c. à tab. de gélatine
¼	de tasse d'eau froide
	feuilles de poireau
	piment rouge
	tomates
	olives

Préparation:

1. Salez, poivrez les filets et pliez-les en deux.
2. Placez-les dans un plat beurré allant au four.
3. Ajoutez l'oignon, le sel, le poivre, la feuille de laurier, le thym et le vin blanc.
4. Couvrez et faites cuire au four à 400°F. 20 à 30 min.
5. Retirez du feu; enlevez les filets; laissez refroidir.
6. Coulez le liquide du poisson.
7. Clarifiez-le (voir clarification dans Cuisine d'Automne, p. 65).
8. Ajoutez la gélatine gonflée.
9. Faites 3 tasses de Béchamel No 2; ajoutez la gélatine gonflée.
10. Placez un grillage sur une tôle.
11. Déposez sur le grillage les filets de sole.
12. Nappez de sauce chaud-froid.
13. Laissez prendre.
14. Faites une décoration avec des feuilles de poireau et de piment rouge.
15. Glacez avec la gelée clarifiée.
16. Dressez sur plat rond.
17. Garnissez avec des rondelles de tomates et des olives noires.

AIGLEFIN POCHÉ

Portions: 6
Cuisson: 20 min.

Ingrédients:

3 lb. d'aiglefin
2½ tasses de lait
2 tasses d'eau
   jus de 1 citron
1 tasse de beurre
   citron
   persil

Préparation:

1. Mettez le lait et l'aiglefin dans une casserole et une quantité suffisante d'eau pour couvrir.
2. Amenez à ébullition; mettez à feu doux et laissez pocher 10 à 15 min.
3. Faites fondre le beurre dans une casserole.
4. Mettez le jus de citron et 2 c. à tab. de jus de cuisson du poisson; chauffez et mélangez en ajoutant le beurre petit à petit, en fouettant.
5. Égouttez le poisson; dressez-le sur le plat de service.
6. Servez le beurre fondu en saucière.

Remarque:
Dressez sur un plat de service; mettez autour les pommes de terre au naturel; garnissez de citron et de persil.

FLÉTAN À LA PARISIENNE

Portions: 6
Cuisson: 50 à 60 min.

Ingrédients:

   3 à 4 lb. de flétan
   farine, sel, poivre
½ tasse de beurre
½ lb. de champignons

Préparation:

1. Essuyez le flétan avec un linge humide.
2. Passez-le dans la farine assaisonnée de sel et de poivre.

1	tasse de vin blanc sec
1	feuille de laurier
1	gousse d'ail
2	clous de girofle
1	tasse de petits oignons tranchés
1	tasse de crème 35%

3. Beurrez généreusement un plat allant au four.
4. Placez le flétan et mettez des noisettes de beurre dessus le poisson.
5. Placez au four à 350°F. environ 25 min.; arrosez souvent avec le liquide de la casserole.
6. Gardez les têtes de champignons entières; coupez les tiges; placez-les autour du poisson.
7. Ajoutez le vin blanc, la feuille de laurier, la gousse d'ail, le clou de girofle et les oignons.
8. Couvrez d'un papier beurré et continuez la cuisson 25 à 30 min. Enlevez le papier fréquemment afin d'arroser le poisson.
9. Placez le poisson dans le plat de service.
10. Garnissez avec les champignons et les oignons.
11. Enlevez les clous et la feuille de laurier.
12. Ajoutez la crème au liquide de la casserole.
13. Amenez la sauce à ébullition.
14. Vérifiez l'assaisonnement.
15. Versez à travers un tamis sur le poisson et les légumes.
16. Servez avec des quartiers de citron, de petites pommes de terre au naturel, persillées.

COLIN GRILLÉ

Portions: 6
Cuisson: 16 à 20 min.
(colin)
15 à 18 min. (crevettes)

Ingrédients:

6 **darnes de colin de 1**
po. d'épaisseur
huile
sel
1 **citron**
câpres
1 **lb. de crevettes**
fenouil
persil

Préparation:

1. Huilez soigneusement les darnes des 2 côtés, salez.
2. Chauffez l'huile dans la poêle.
3. Rangez les darnes.
4. Faites cuire sur un feu moyen, 8 min. environ, de chaque côté.
5. Faites pocher les crevettes dans un court-bouillon.
6. Disposez les darnes de colin en couronne sur le plat de service chauffé.
7. Garnissez de demi-rondelles de citron, de câpres et de persil.
8. Placez un citron au centre.
9. Rangez les crevettes autour du citron.
10. Décorez de fenouil.

Remarque:
Vous pouvez servir avec du beurre fondu ou une sauce hollandaise.

ÉPERLANS

Portions: 6
Cuisson: 5 à 7 min.

Ingrédients:

30 **éperlans**
farine salée
lait
chapelure

Préparation:

1. Videz les éperlans à l'eau courante et lavez-les.
2. Enlevez les nageoires et épongez-les.

huile
beurre fondu
jus de citron
persil haché

3. Passez les poissons dans la farine salée, dans le lait et puis dans la chapelure.
4. Faites chauffer de l'huile dans une poêle (environ ½ à ¾ de pouce).
5. Dorez les éperlans d'un côté puis retournez-les délicatement.
6. Placez dans le plat de service.
7. Servez avec du beurre fondu additionné de jus de citron et de persil.

MORUE AUX CÂPRES

Portions: 6
Cuisson: 45 min.

Ingrédients:

6	tomates
	beurre et huile
2	oignons en rondelles
4	gousses d'ail hachées
¼	de tasse de câpres
	cayenne, sel
1	c. à tab. de jus de citron
2	lb. de morue
¼	de tasse d'eau
2	c. à tab. de beurre fondu

Préparation:

1. Blanchissez les tomates, pelez-les et épépinez-les.
2. Chauffez le beurre et l'huile; faites revenir l'oignon et l'ail.
3. Hors du feu, mélangez les tomates hachées, les câpres, le cayenne, le sel et le jus de citron.
4. Dans un plat allant au four, disposez par couches la morue crue coupée en lanières et les légumes. Terminez par ceux-ci.
5. Arrosez d'eau et de beurre fondu.
6. Faites cuire au four à 365°F., 45 min. environ.
7. Servez aussitôt.

CROQUETTES DE POISSON FUMÉ

Portions: 6
Cuisson: 30 min.

Ingrédients:

1¼ lb. de poisson fumé
1 tasse de lait
⅓ de tasse de beurre
1 oignon haché
3 à 4 pommes de terre
sel, poivre
muscade
1 oeuf
chapelure
beurre ou huile

Préparation:

1. Mettez le lait, le beurre et le poisson dans une casserole.
2. Portez à ébullition et laissez pocher doucement jusqu'à ce que le poisson soit tendre.
3. Égouttez, ôtez les arêtes et effeuillez.
4. Faites cuire les pommes de terre et passez-les en purée.
5. Faites le mélange du poisson et des pommes de terre; salez, poivrez et assaisonnez d'un peu de muscade, au goût.
6. Divisez en 12 portions.
7. Façonnez en croquettes.
8. Roulez-les dans l'oeuf battu, puis dans la chapelure.
9. Gardez au frais plusieurs heures.
10. Faites frire au beurre ou à l'huile.

Remarques:
Servez avec des tomates cuites et des champignons.
Pour cette recette vous pouvez utiliser du poisson frais.

HOMARD THERMIDOR

Portions: 6
Cuisson: 30 min.

Ingrédients:

3 homards de 1½ lb. chacun
sel
huile d'olive
½ tasse de vin blanc
½ tasse de fumet de poisson
1 échalote hachée
cerfeuil, estragon
1 tasse de sauce béchamel No 2
1 c, à t. de moutarde sèche
⅓ de tasse de beurre doux
½ tasse de fromage Parmesan râpé
⅓ de tasse de beurre fondu

Préparation:

1. Partagez les homards vivants en deux dans la longueur.
2. Cassez la carapace et les pinces et supprimez les ouies du coffre.
3. Salez ces moitiés de homard, arrosez-les d'huile et faites rôtir au four à 400°F. 15 à 20 min.
4. Retirez la chair de la queue, détaillez.la en gros dés, retirez la chair des pinces.
5. Faites réduire des deux tiers le vin blanc et le fumet de poisson avec du cerfeuil, de l'estragon et l'échalote.
6. Ajoutez la béchamel mélangée bouillante à la moutarde.
7. Faites bouillir cette sauce quelques minutes et ajoutez-lui le beurre en fouettant bien.
8. Garnissez d'un peu de cette sauce le fond de chaque demi-carapace.
9. Disposez dessus les dés de homard.
10. Nappez avec le reste de la sauce.
11. Saupoudrez de.fromage.
12. Faites gratiner vivement au four chaud.

MORUE GRAND-MÈRE

Portions: 6
Cuisson: environ 1 h.

Ingrédients:

6 tranches de morue
d'un pouce
huile d'olive
1 feuille de laurier
thym
2 clous de girofle
écrasés
1 gousse d'ail haché
6 oignons moyens, en
tranches
beurre et huile
1¾ tasse de sauce crème
1 c. à t. de moutarde
préparée
½ tasse de chapelure au
beurre

Préparation:

1. Faites le mélange huile d'olive, laurier, thym, clous de girofle et ail.
2. Placez la morue une demi-heure dans cette marinade.
3. Chauffez le beurre et l'huile; faites revenir les oignons jusqu'à ce qu'ils soient dorés.
4. Placez un rang d'oignons dans un plat allant au four.
5. Placez la morue sur les oignons.
6. Recouvrez avec le reste des oignons.
7. Versez doucement la sauce crème moutardée sur le poisson.
8. Couvrez la casserole d'un papier brun beurré.
9. Faites cuire au four à 350°F. environ 35 min.
10. Enlevez le papier et faites cuire 10 min.
11. Saupoudrez vivement de chapelure beurrée.
12. Retournez la casserole au four pour faire dorer.

PAIN DE SAUMON

Portions: 8
Cuisson: 45 min.

Ingrédients:

1 tasse de mie de pain
½ tasse de crème 15%
½ tasse d'eau ou de
bouillon

Préparation:

1. Trempez la mie de pain dans la crème 10 min.
2. Ajoutez l'eau, le saumon, le sel, le beurre, l'oignon, le jus

1 bte (14 on.) de sau-
   mon effeuillé
1 c. à t. de sel
1 c. à tab. de beurre
1 petit oignon haché
1 c. à t. de jus de citron
2 jaunes d'oeufs
2 blancs d'oeufs
4 oeufs cuits durs

de citron et les jaunes
d'oeufs battus.
3. Battez les blancs et faites-les
entrer dans la première
préparation.
4. Graissez un moule à pain
8½ x 4½ x 2½; remplissez-
en la moitié.
5. Placez un rang d'oeufs cuits
durs au centre.
6. Remplissez avec le reste du
mélange.
7. Faites cuire au four à
350°F. environ 45 min.
8. Démoulez sur le plat de
service.
9. Servez avec une sauce aux
cornichons.

POISSON FRIT DANS LA PÂTE

Portions: 8 à 10
Cuisson: 5 à 7 min.

Ingrédients:

Pâte à frire (voir p. 139)
Filets en morceaux
sel
huile

Préparation:
1. Coupez les filets en morceaux de grosseur uniforme,
ne pas dépasser ½ po. d'é-
paisseur.
2. Trempez les morceaux de
poisson saupoudrés de sel
dans la pâte.
3. Faites cuire en pleine friture.
4. Égouttez sur du papier
absorbant.

Remarques:
Si le poisson est trop épais,
l'extérieur sera frit avant que
l'intérieur ne soit cuit parfaitement. Si les filets sont épais
sans toutefois l'être assez pour
être tranchés commodément,
pratiquez 2 ou 3 incisions sur le
côté.

HARENG FUMÉ AU GRATIN

Portions: 4
Cuisson: 30 min.

Ingrédients:

1   **lb. de hareng fumé**
1   **tasse d'eau**
1   **tasse de lait**
1   **piment vert**
2   **oignons hachés**
¼   **de tasse de beurre**
¼   **de tasse de farine**
1   **tasse de crème 15%**
1   **tasse de liquide du**
     poisson
     poivre
     chapelure, beurre

Préparation:

1. Trempez le hareng dans le lait et l'eau pendant 2 h.
2. Chauffez le beurre, faites revenir le piment et l'oignon.
3. Ajoutez la farine, faites cuire.
4. Enlevez du feu, ajoutez la crème et le liquide.
5. Remettez sur le feu et faites cuire en brassant continuellement jusqu'à épaississement.
6. Ajoutez le poisson effeuillé, poivrez.
7. Versez dans un plat allant au four.
8. Saupoudrez de chapelure et de noisettes de beurre.
9. Placez au four à 400°F., jusqu'à doré.

Remarque:
Vous pouvez remplacer le hareng fumé par du hareng frais ou un autre poisson.

SAUMON CHAMBORD

Portions: 6
Cuisson: 30 à 40 min.

Ingrédients:

6   **darnes de saumon de**
     1 po. à 1¼ po.
     d'épaisseur

Préparation:

1. Enlevez la peau des darnes.
2. Faites le mélange du vinaigre de vin à l'estragon, du vin blanc.

1   tasse de vinaigre de
    vin à l'estragon
1   tasse de vin blanc
    quelques gouttes de
    sauce Worcestershire
    sel, poivre
¾   de tasse à 1 tasse de
    réduction de tomate
    épaisse et bien
    assaisonnée.
    Parmesan

de la sauce, du sel, et du poivre.

3. Versez sur le saumon; laissez mariner au moins 2 heures.
4. Essuyez les darnes, placez-les dans un plat beurré allant au four.
5. Badigeonnez-les avec la réduction de tomate.
6. Saupoudrez de Parmesan.
7. Versez de la marinade dans le plat de cuisson à la moitié de la hauteur des darnes.
8. Placez au four à 350°F. 30 à 40 min.
9. Servez avec une sauce hollandaise ou béarnaise (voir Cuisine d'Automne p. 120).

TRUITE SAUTÉE BELLE MEUNIÈRE

Portions: 6
Cuisson: 10 min.

Ingrédients:

6   truites
    sel, poivre
    lait
    farine
    huile
⅓   de tasse de beurre
    doux
    persil haché
    jus de citron

Préparation:

1. Parez les truites; lavez-les; épongez-les.
2. Salez, poivrez.
3. Passez les truites dans le lait puis dans la farine.
4. Mettez de l'huile dans une poêle, un quart de pouce d'épaisseur, faites dorer les truites des deux côtés.
5. Placez sur le plat de service.
6. Enlevez l'huile de la poêle, mettez le beurre doux et faites cuire jusqu'à brun noisette.
7. Versez sur le poisson, saupoudrez de persil et de jus de citron.

OUANANICHE AU FOUR

Portions: 6
Cuisson: 50 à 60 min.

Ingrédients:

1 **ouananiche**
  sel, poivre
½ **lb. de champignons**
  hachés
1 **oignon tranché**
1 **tasse de céleri**
⅓ **de tasse de persil**
  haché
1 **tasse de vin blanc sec**
¼ **de tasse de beurre**
¼ **de tasse de farine**
½ **tasse de lait**
1 **tasse du jus de**
  cuisson du poisson
½ **tasse de crème 15%**

Préparation:

1. Lavez la ouananiche et as-séchez-la.
2. Salez, poivrez.
3. Beurrez un plat allant au four.
4. Étendez le mélange des champignons, de l'oignon, du céleri et du persil au fond du plat.
5. Placez le poisson dessus.
6. Versez le vin blanc.
7. Couvrez d'un papier beurré.
8. Laissez cuire au four à 350°F., 50 à 60 min.
9. Préparez la sauce: chauffez le beurre, ajoutez la farine.
10. Retirez du feu; versez le lait et le jus du liquide de cuisson.
11. Continuez la cuisson en brassant jusqu'à épaissis-sement.
12. Vérifiez l'assaisonnement.
13. En dernier lieu ajoutez la crème.
14. Servez le poisson entouré des légumes et la sauce en saucière.

Remarque:
Vous pouvez omettre la crème et ajouter plus de liquide si c'est nécessaire.

SAUMON FRAIS AU FOUR

Portions: 4 à 5

Cuisson: 40 min.

Ingrédients:

1	**saumon de 3 lb.**
	sel, poivre
	thym
¼	**de tasse de beurre**
1½	**tasse de crème 15%**
1	**feuille de laurier**
1	**oignon tranché**
1	**gousse d'ail**
3	**branches de persil**
2	**concombres pelés et coupés en bâtonnets**

Préparation:

1. Frottez le saumon avec le sel, le poivre et le thym.
2. Dans un plat allant au four, faites fondre le beurre, placez le saumon, retournez-le pour l'enrober de beurre.
3. Ajoutez la crème, la feuille de laurier, les tranches d'oignon, l'ail, le persil.
4. Placez les bâtonnets de concombre autour du saumon; couvrez.
5. Placez au four à 350°F. environ 40 min. ou jusqu'à ce que le saumon soit cuit.
6. Vérifiez l'assaisonnement.
7. Servez

Remarque:
Vous pouvez ajouter 1 ou 2 c. à t. de moutarde préparée à la crème avant de verser dans le plat.

Q. Est-ce vrai que la cuisson du poisson dans un court-bouillon est délicate?

R. Ne laissez jamais bouillir un court-bouillon lorsque le poisson est dedans. Le liquide doit seulement frémir pour ne pas abîmer la pièce.

Q. En plus de calculer 10 minutes de cuisson par pouce d'épaisseur pour le poisson, est-ce qu'il y a d'autres façons de savoir qu'il est prêt à servir?

R. Lorsqu'il devient opaque.

Lorsque sa chair se sépare par feuillets.

Lorsque la fourchette le pénètre facilement.

Le poisson est cuit à point lorsqu'il apparaît sur la table juteux, tendre, rempli de saveur.

Q. Pour manger un poisson délicieux conseillez-vous un mode de cuisson en particulier?

R. Il est important de retenir qu'il faut: choisir du poisson de bonne qualité.

Qu'il faut le cuire vivement, à haute température.

Qu'il faut le servir immédiatement lorsqu'il est cuit.

Q. La cuisson au four convient-elle seulement pour le poisson entier?

R. Non, elle convient aux darnes et aux filets frais ou surgelés.

Q. De quelle façon vide-t-on un poisson?

R. Avec un couteau mince et tranchant, ou des ciseaux, fendez la peau du ventre, de l'anus aux ouïes.

Retirez les entrailles.

Nettoyez à l'eau courante pour enlever le sang.

Tranchez la tête à la base des ouïes.

Rompez la grande arête en la pliant sur le rebord d'une planche.

Retirez les nageoires en pratiquant une incision dans la chair, des deux côtés de chacune.

Q. Pour fileter un poisson habillé que faut-il faire?

R. Inciser la chair le long du dos, sur un côté de la grande arête, de la tête à la queue. Coupez juste derrière la tête.

Placer le couteau à plat, en commençant à la tête, sectionnez la chair de la grande arête en passant au-dessus des côtes. Enlevez les filets.

Répétez la même opération de l'autre côté du poisson.

Q. *Que comprennent les fruits de mer?*

R. Ils comprennent les crevettes, le homard, les huîtres, les palourdes, les pétoncles, les crabes, les moules, les langoustes, les langoustines, les cuisses de grenouilles, les scampis, etc. etc.

Q. *Est-ce qu'ils renferment une grande valeur alimentaire?*

R. Ils sont riches en protéines et contiennent de l'iode, du phosphore et une certaine quantité de calcium.

Q. *En quel état doit-on acheter le homard?*

R. Autant que possible, on doit l'acheter vivant. Il y a deux signes par lesquels on peut constater si le homard était vivant ou non au moment où on l'a mis à bouillir:

    a. Quand la queue reprend sa courbe dès que vous tentez de la redresser

    b. Quand il est pesant proportionnellement à sa grosseur.

Q. *Comment doit-on tuer un homard pour le griller?*

R. On coupe la corde vertébrale entre la tête et la carapace.

Q. *Quelles parties du homard faut-il éviter de manger?*

R.   a. Les poumons qui sont juste à l'intérieur de la carapace.

    b. L'estomac.

    c. Les veines des intestins.

Q. *Combien de temps faut-il faire bouillir le homard dans sa carapace.*

R. Mettez le homard dans de l'eau bouillante salée et laissez bouillir à gros bouillons pendant cinq minutes. Laissez ensuite mijoter pendant une demi-heure. Si la cuisson dure plus longtemps, la chair deviendra dure. Plongez-le ensuite immédiatement dans l'eau froide.

Q. *Combien de livres un homard doit-il peser pour donner une livre ou deux tasses de viande?*

R. À peu près 2½ lb. ou 3 lb.

Q. *De combien de façons peut-on cuire le homard?*

R. On peut le faire bouillir et le servir à la sauce Newberg; le griller et le servir à la sauce au beurre; le cuire au four et le servir avec sauce de beurre fondu; le cuire à la crème et le servir dans des coquilles; le faire bouillir et le servir avec mayonnaise;

Q. *De combien de façons peut-on cuire les huîtres?*

R. On peut les cuire à la crème et les servir en vol-au-vent. les griller et les servir à la sauce au beurre;

les cuire au four et les servir avec sauce au beurre fondu;
les cuire à la crème et les servir en coquilles;
les faire bouillir et les servir avec sauce mayonnaise en
salade.

Q. Doit-on laver les huîtres avant de les cuire?

R. Jamais. On leur enlèverait toute leur saveur. Il suffit d'en
laisser égoutter l'eau et d'enlever les grains de sable ou
les petits fragments d'écaille.

Q. Durant quels mois faut-il éviter de manger des huîtres?

R. Durant "les mois qui s'écrivent sans r"; car c'est alors la
saison où les bivalves fraient.

**Q. Nommez cinq sauces qui sont excellentes avec le
poisson.**

R. Les sauces hollandaise, tartare, Windsor, au beurre et
Newberg.

Q. Comment fait-on frire les huîtres?

R. On doit d'abord les nettoyer du plus petit fragment
d'écaille et ensuite les rouler dans la farine pour les bien
sécher. Après cela:

    a. On les trempe dans un oeuf mêlé avec 1 c. à tab.
de lait ou d'eau et on les roule dans des parts
égales de chapelure assaisonnée et de farine. Elles
sont alors frites ou bien sautées au beurre dans
une poêle.

    b. On peut les tremper dans une pâte à frire et les
frire à 375°F.

    c. On peut les tremper dans une mayonnaise et
ensuite dans des parts égales de farine et de fine
chapelure de pain ou de biscuits; on les fait frire
alors dans de la graisse à 375°F. Certaines
cuisinières mêlent du fromage râpé avec la
chapelure.

**Q. Quelle différence y a-t-il entre les crabes à carapace dure
et les crabes à carapace molle?**

R. Les crabes à carapace molle sont des crabes qui viennent
de perdre leur carapace et dont la nouvelle écaille n'a pas
encore commencé à durcir. Dans cet état, les crabes sont
un mets très délicat.

Q. Qu'appelle-t-on pétoncles?

R. On appelle ainsi les muscles d'un certain crustacé que
l'on fait cuire comme des huîtres.

LES VIANDES

BOEUF ET NOUILLES

Portions: 6
Cuisson: ¾ **d'heure**

Ingrédients:

4   **tranches de bacon**
1   **oignon haché**
1   **lb. de boeuf haché**
    sel, poivre
1   **bte de soupe tomate de 10½ on.**
¼   **de tasse d'eau**
1   **c. à t. de poudre Chili**
¼   **de lb. de nouilles aux oeufs**
½   **piment vert en dés**
½   **tasse de fromage râpé**
1   **bte de maïs en grains de 12 on.**

Préparation:

1. Coupez le bacon en morceaux de 1 po.
2. Faites-le dorer à la poêle.
3. Enlevez le bacon et dans le gras faites revenir l'oignon et le boeuf.
4. Assaisonnez de sel et de poivre.
5. Mélangez la soupe tomate, l'eau et la poudre Chili.
6. Faites cuire les nouilles à l'eau bouillante salée.
7. Dans un plat graissé de 6 tasses, allant au four, placez un rang de nouilles, un rang de mélange boeuf, un rang de bacon, de piment vert, de fromage, de maïs et en dernier versez la soupe de tomate.
8. Placez au four à 350°F., environ ¾ d'heure.

DODINE DE CANARD   *Photo page 131*

Portions: 12
Cuisson: 2 à 3 h.

Ingrédients:

2   **canards**
2   **lb. de porc frais**
¼   **de tasse de cognac**

Préparation:

1. Désossez les canards en partant du dos.
2. Laissez la chair attachée à la

74

1½ tasse de vin blanc
   sauge, thym
   marjolaine
   sel, poivre

1   truffe

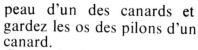

peau d'un des canards et gardez les os des pilons d'un canard.

3. Coupez la chair du deuxième canard en gros dés ainsi que le porc.
4. Mettez les dés de canard et de porc à mariner avec les épices, le vin et le cognac pendant une journée.
5. Passez la chair au hache-viande.
6. Assaisonnez, ajoutez la truffe.
7. Farcissez le canard.
8. Cousez l'oiseau.
9. Mettez-le au four à 350°F., arrosez de demi-glace.
10. Faites cuire 2 à 3 h.

Remarques:
Ce plat peut se servir chaud.
Pour le servir froid, coupez en tranches que vous disposez sur un plat. Nappez de gelée au Madère (voir p.   ).
Garnissez d'olives, de fromage et de foie gras roulé dans des miettes de truffe.
Les truffes sont très chères mais délicieuses dans une farce de volaille ou de poisson fin. Attention, les pelures de truffes sont souvent sans saveur. Vous pouvez remplacer dans une farce, les truffes par des olives noires dénoyautées.

GELÉE AU MADÈRE

Portions: 2 tasses

Ingrédients:

2 c. à tab. de gélatine
¼ de tasse d'eau froide
2 tasses de bouillon clarifié
⅓ de tasse de Madère

Préparation:

1. Gonflez la gélatine à l'eau froide.
2. Chauffez le bouillon.
3. Ajoutez la gélatine gonflée.
4. Brassez pour dissoudre.
5. Ajoutez le madère au bouillon froid mais encore liquide.

Remarque:
On peut remplacer le Madère par du Porto ou un autre vin.

BOEUF ET PORC HACHÉS AUX ABRICOTS

Portions: 8
Cuisson: 1 h.

Ingrédients:

½ tasse d'eau bouillante
½ tasse d'abricots séchés
1 lb. de boeuf haché
1 lb. de porc haché
3 c. à tab. de persil haché
sel, poivre,
fines herbes
1 oeuf
¼ de tasse de crème sure
beurre
2 tasses de mie de pain
¼ de tasse de céleri haché
sel
cayenne

Préparation:

1. Faites mijoter les abricots 2 min. dans de l'eau bouillante. Égouttez-les, hachez-les.
2. Mélangez le boeuf, le porc, le persil, le sel, le poivre, les fines herbes, l'oeuf et la crème sure.
3. Étendez cette préparation sur un papier aluminium de 16" x 10".
4. Chauffez le beurre; ajoutez le pain, le céleri, le sel, le cayenne, les abricots coupés. Mouillez si c'est nécessaire, avec le jus d'abricots.

4   **tranches de bacon**

5. Étendez cette préparation sur la viande.
6. Roulez comme un gâteau.
7. Placez sur une plaque graissée.
8. Disposez les tranches de bacon sur le dessus du rouleau.
9. Placez au four à 350°F. environ 1 h. ou jusqu'à cuit.

GRATIN DE POULET ET DE JAMBON

Portions: 6
Cuisson: 40 à 45 min.

Ingrédients:

     beurre
1   tasse de jambon cuit, coupé en lamelles
½   lb de champignons tranchés
¼   de tasse de beurre
¼   de tasse de farine
2   tasses de bouillon sel, poivre
¼   de tasse de crème 15%
½   lb de nouilles
3   tasses de poulet cuit, coupé en cubes
½   tasse de fromage râpé

Préparation:

1. Chauffez le beurre et faites revenir le jambon et les champignons.
2. Chauffez le beurre, ajoutez la farine et faites cuire.
3. Enlevez du feu, versez le bouillon, brassez.
4. Remettez sur le feu et faites cuire en brassant jusqu'à épaississement; salez, poivrez, ajoutez la crème.
5. Faites cuire les nouilles jusqu'à ce qu'elles soient presque cuites; ajoutez le jambon et les champignons.
6. Versez dans un plat beurré allant au four.
7. Disposez les cubes de poulet sur les nouilles.
8. Nappez de la sauce.
9. Faites cuire au four à 350°F 20 min.
10. Saupoudrez de fromage et faites gratiner quelques minutes.

JAMBON AVEC CHUTNEY

Portions: 6
Cuisson: 1 h.

Ingrédients:

1 **tranche de jambon de**
1½ po. d'épaisseur
⅔ **de tasse de Chutney**
¼ **de tasse de cassonade**
¼ **de tasse d'eau**

Préparation:

1. Enlevez le surplus de gras autour du jambon.
2. Placez le jambon dans une casserole.
3. Étendez le mélange du Chutney et de la cassonade sur le jambon.
4. Versez l'eau.
5. Faites cuire au four à 350°F., environ 50 min.
6. Arrosez fréquemment.

JAMBON ET BROCOLI

Portions: 6
Cuisson: 30 min.

Ingrédients:

1 **bte de soupe aux**
champignons de 8 on.
1⅓ tasse de riz cuit
¾ **de tasse d'eau**
½ **tasse de noix d'acajou**
¾ **de lb de jambon en**
tranches
1 **lb. de brocoli cuit**
¼ **de tasse de fromage**
Cheddar râpé

Préparation:

1. Faites le mélange de la soupe, du riz, de l'eau et des noix.
2. Versez dans un plat allant au four (12x8x2).
3. Placez le jambon et le brocoli sur le mélange.
4. Couvrez d'un papier aluminium.
5. Faites cuire au four à 375°F., 25 à 30 min.
6. Découvrez, saupoudrez de fromage.
7. Remettez au four jusqu'à ce que le fromage soit fondu.

MÉDAILLONS DE VEAU
À L'ORANGE

Portions: 8
Cuisson: 30 min.

Ingrédients:

3 **oranges**
   beurre et huile
8 **tranches de veau**
   sel, poivre
⅓ **de tasse de crème 15%**

Préparation:

1. Pressez le jus d'une orange.
2. Pelez deux oranges et tranches-les.
3. Coupez en juliennes le zeste d'une orange; faites blanchir 1 min. dans l'eau bouillante; rafraîchissez à l'eau froide; égouttez.
4. Chauffez le beurre et l'huile; faites dorer et cuire les médaillons de veau, environ 30 min. selon l'épaisseur. Salez et poivrez.
5. Enlevez-les, placez-les dans le plat de service et mettez-les au chaud.
6. Enlevez le surplus de gras de la poêle.
7. Déglacez avec le jus d'orange.
8. Mettez les tranches d'oranges à chauffer quelques secondes.
9. Enlevez les oranges, ajoutez la crème ainsi que le zeste.
10. Nappez les médaillons avec un peu de sauce et le zeste.
11. Garnissez avec les quartiers d'oranges.
12. Servez le reste de la sauce à part.

JAMBON FLORENTINE

Portions: 4 à 6
Cuisson: 20 min.

Ingrédients:

2 tasses de jambon haché cuit
2 lbs d'épinards
  sel
  beurre
1 oignon haché finement
2 c. à t. de farine
¼ de tasse de crème 15%
  muscade
  sel, poivre
  fromage râpé

Préparation:

1. Lavez les épinards, parez-les.
2. Faites-les cuire quelques minutes.
3. Égouttez-les, coupez-les finement et gardez le liquide.
4. Chauffez le beurre, faites revenir l'oignon.
5. Ajoutez la farine, faites cuire.
6. Ajoutez ⅓ de tasse du liquide des épinards, laissez cuire quelques minutes.
7. Ajoutez la crème, la muscade et les épinards.
8. Salez, poivrez.
9. Placez les épinards dans un plat allant au four.
10. Disposez le jambon sur les épinards.
11. Saupoudrez de fromage.
12. Placez au four à 400°F. pour 15 à 20 min.

PAIN DE VEAU AUX OLIVES

Portions: 6
Cuisson: 1 h.

Ingrédients:

1½ lb. de veau haché
¼ de tasse de fromage râpé
1 oignon émincé
⅓ de tasse de chapelure

Préparation:

1. Faites le mélange de tous les ingrédients, excepté les olives.
2. Égouttez parfaitement les olives.

2 c. à tab. de crème 15%
1 oeuf
   sel, poivre
1 pot d'olives farcies de
   8 on. (moyennes)
   beurre fondu

3. Placez dans un moule à pain, huilé de 9x5x3, le tiers du mélange veau.
4. Étendez la moitié des olives sur la viande.
5. Pressez parfaitement un tiers de la viande sur les olives.
6. Ajoutez le reste des olives et en dernier lieu le dernier tiers de viande.
7. Pressez fermement.
8. Badigeonnez la surface du moule avec du beurre fondu.
9. Placez au four à 350°F.. environ 1 heure.

POULET HANAHANA

Portions: 6
Cuisson: 25 min.

Ingrédients:

1¼ tasse d'ananas en
   cubes
1 tasse de jus d'ananas
1½ tasse de crème 15%
½ tasse de noix de coco
¼ de tasse de beurre
¼ de tasse de farine
   sel, poivre
2 c. à tab. d'amandes
2 tasses de poulet cuit,
   coupé en cubes
⅓ de tasse de
   mayonnaise

Préparation:

1. Faites le mélange du jus d'ananas, de la crème et de la noix de coco.
2. Chauffez le beurre, ajoutez la farine, faites cuire.
3. Enlevez du feu, ajoutez le mélange crème.
4. Mêlez parfaitement, retournez au feu, faites cuire en brassant jusqu'à épaississement.
5. Ajoutez les amandes, le poulet et les ananas.
6. Versez dans un plat de 5 tasses allant au four.
7. Étendez la mayonnaise.
8. Placez sous le grilleur jusqu'à doré.

Remarque:
Vous pouvez remplacer la crème par du lait.

POULET À L'IMPÉRIAL

Portions: 6 à 8
Cuisson: 1 h.

Ingrédients:

1   poulet de 4 à 5 lb. ou 4 lb. de poulet, poitrines et cuisses
2   tasses de mie de pain
¾   de tasse de fromage râpé, Parmesan ou autre
¼   de tasse de persil haché
1   gousse d'ail
     sel, poivre
1   tasse de beurre fondu

Préparation:

1. Désossez le poulet.
2. Faites le mélange de la mie de pain, du fromage, du persil, de l'ail, du sel et du poivre.
3. Passez les morceaux de poulet dans le beurre fondu puis dans le mélange de mie de pain.
4. Placez dans une lèchefrite.
5. Versez le reste du beurre.
6. Faites cuire à 350°F., environ 1 heure.
7. Ne retournez pas le poulet, mais arrosez-le souvent avec le gras de la casserole.

POUSSINS SUR LIT DE RIZ

Portions: 6
Cuisson: 1 h.

Ingrédients:

6   petits poussins
6   tasses de riz cuit
     sel, poivre
1   c. à tab. de fines herbes
¼   de c. à t. de poudre de Chili
     beurre et huile
     persil haché

Préparation:

1. Placez le riz cuit dans une casserole.
2. Assaisonnez les poussins de sel, de poivre, de fines herbes, de poudre de Chili.
3. Chauffez le beurre et l'huile, faites dorer les poussins.
4. Déposez-les sur le riz.
5. Faites cuire au four à 325°F. environ 1 h. ou jusqu'à ce que les poussins soient cuits.
6. Le riz absorbe le jus des poussins.
7. Servez dans la cocotte ou

placez le riz sur un plat chaud et mettez les poussins dessus.

8. Saupoudrez de persil.

SUPRÊMES DE POULET AVEC HOMARD ET TOMATES

Photo page 129

Portions: 6
Cuisson: 45 min.

Ingrédients:

4	suprêmes de poulet coupés, beurre, huile sel, poivre
½	lb de champignons
3	c. à tab. de farine
1½	tasse de bouillon
1	c. à tab. de pâte de tomate
1	feuille de laurier
1	c. à tab. de ciboulette
1	bte de homard surgelé de 12 on.
3	tomates blanchies coupées en 4

Préparation:

1. Salez et poivrez le poulet.
2. Chauffez le beurre et l'huile.
3. Faites revenir le poulet jusqu'à ce qu'il soit doré.
4. Placez-le dans une casserole allant au four.
5. Couvrez et faites cuire au four à 350°F., environ 25 à 30 min.
6. Dans la poêle qui a servi à dorer le poulet, ajoutez les champignons et faites-les revenir.
7. Ajoutez la farine, faites cuire, versez le bouillon, brassez jusqu'à épaississement.
8. Ajoutez la pâte tomate, la feuille de laurier et la ciboulette.
9. Laissez mijoter 15 min.
10. Ajoutez le homard, les tomates et laissez mijoter 5 à 8 min. ou jusqu'à ce que le homard et les tomates soient chauds. Vérifiez l'assaisonnement.
11. Déposez le poulet dans le plat de service.
12. Versez la sauce avec le homard et les tomates.

SUPRÊMES DE POULET EN CASSEROLE

Portions: 6
Cuisson: 1h10.

Ingrédients:

6	suprêmes de poulet désossés
	sel, poivre
2	zuchettes tranchés
1	oignon tranché
½	lb. de champignons tranchés
1	bte de tomates de 16 on.
1	gousse d'ail émincé
2	c. à tab. de persil
½	c. à t. d'orégano
½	c. à t. de graines de céleri

Préparation:

1. Salez, poivrez les suprêmes de poulet.
2. Placez-les dans un plat allant au four.
3. Étendez sur le poulet le mélange de zuchettes, de l'oignon et des champignons.
4. Égouttez les tomates de façon à avoir ½ tasse de jus; ajoutez l'ail au jus.
5. Placez les tomates sur le premier mélange.
6. Saupoudrez de persil, d'orégano et de graines de céleri.
7. En dernier versez le jus de tomate.
8. Couvrez; placez au four à 350°F., environ 1 heure.
9. Découvrez et faites cuire 10 min.

TRANCHES DE BOEUF ROULÉ

Portions: 10
Cuisson: 1 h.

Ingrédients:

1	tasse de pommes de terre en purée
½	lb de champignons hachés
½	tasse de jambon haché

Préparation:

1. Faites le mélange des pommes de terre, des champignons, du jambon, des oeufs, du céleri, du persil, du sel et du poivre.

4 oeufs cuits durs hachés
¼ de tasse de céleri haché
2 c. à tab. de persil haché
sel, poivre
10 tranches de boeuf mince (3x5x¼)
farine, sel, poivre
paprika
beurre et huile
1½ tasse de bouillon
1 tasse de crème sure

2. Placez une partie égale du mélange sur chaque tranche de boeuf.
3. Roulez chaque tranche, fixez.
4. Passez les roulades dans le mélange de farine, sel, poivre, paprika.
5. Chauffez le beurre et l'huile dans une poêle.
6. Dorez les roulades de tous les côtés.
7. Placez-les dans une casserole allant au four.
8. Déglacez la poêle avec le bouillon.
9. Versez sur les roulades.
10. Couvrez, placez au four à 350°F environ 1 heure, ou jusqu'à parfaitement cuit.
11. Enlevez les roulades; placez-les sur le plat de service.
12. Ajoutez la crème sure au jus de la casserole; mêlez parfaitement; chauffez quelques minutes.
13. Versez dans une saucière et servez avec la viande.

Remarque:
Vous pouvez remplacer 1 tasse de bouillon par une tasse de Madère.

LES SAUCES ET LES VINAIGRETTES

SAUCE AÏOLI

Ingrédients:

5   gousses d'ail
2   jaunes d'oeufs
    sel, poivre de cayenne
1   tasse d'huile

Préparation:

1. Retirez le germe de l'ail. Broyez finement l'ail dans un mortier.
2. Ajoutez le sel, le poivre de cayenne et les jaunes d'oeufs.
3. Continuez de broyer avec le pilon en ajoutant peu à peu l'huile comme pour la mayonnaise.

Remarque:
Travaillez vigoureusement l'aïoli qui doit, une fois terminé, avoir l'apparence d'une mayonnaise consistante et homogène. Il s'agit le plus souvent d'une mayonnaise à l'ail.

SAUCE AU BACON

Ingrédients:

1   tasse de sauce blanche riche et épaisse avec
½   tasse de cubes de bacon frit, bien croquant

Préparation:

1. Mélangez le tout.

SAUCE AU BEURRE NOIR

Ingrédients:

⅓   de tasse de beurre
2   c. à tab. d'estragon essence d'anchois au goût

Préparation:

1. Faites cuire le beurre jusqu'à ce qu'il devienne foncé.
2. Incorporez l'estragon.
3. Ajoutez l'essence d'anchois, au goût.

SAUCE AU CONCOMBRE

Ingrédients:

1 tasse de concombre haché

1 tasse de crème fouettée

3 c. à tab. de vinaigre ou de jus de citron
sel et Tabasco

Préparation:

1. Hachez le concombre et essorez-le parfaitement.
2. Mélangez-le à la crème fouettée avec les autres ingrédients.

SAUCE AU FROMAGE

Ingrédients:

1 tasse de sauce blanche épaisse
¼ à ½ tasse de fromage râpé

Préparation:

1. Mêlez le fromage à la sauce blanche et faites cuire jusqu'à ce qu'il soit fondu.

Remarque:
Cette sauce s'appelle aussi Sauce Mornay.

SAUCE DUCHESSE

Ingrédients:

1 tasse de sauce blanche riche et épaisse

½ tasse de langue cuite coupée en petits cubes

Préparation:

1. Ajoutez la langue à la sauce blanche.

SAUCE FRANÇAISE

Ingrédients:

1 tasse d'huile d'olive

⅓ de tasse de vinaigre sel, poivre

Préparation:

1. Faites le mélange de l'huile d'olive, du vinaigre, du sel et du poivre.

SAUCE MADÈRE

Ingrédients:

1 tasse de sauce brune
épaisse
½ tasse de Madère

Préparation:

2. Ajoutez le Madère à la sauce brune et mêlez bien.

SAUCE NEWBERG

Ingrédients:

1 tasse de crème épaisse
1 c. à tab. de farine
2 jaunes d'oeufs
2 c. à tab. de Sherry
1 pincée de muscade

Préparation:

1. Faites cuire la crème avec la farine liée aux jaunes d'oeufs.
2. Ajoutez le Sherry et la muscade.

Remarque:
Le Sherry peut être remplacé par du Cognac.

SAUCE RUSSE

Ingrédients:

2 tasses de mayonnaise
⅓ de tasse de sauce Chili
2 c. à tab. de céleri en dés
2 c. à tab. de piments vert et rouge
1 à 2 c. à t. de caviar

Préparation:

1, Mêlez les 4 premiers ingrédients et ajoutez le caviar.

SAUCE TROPICALE

Ingrédients:

2 tasses de crème sure
½ tasse de cassonade

Préparation:

1. Faites le mélange de tous les ingrédients.

12 **macarons à la noix de coco émiettés**

VINAIGRETTE

Portions: 1½ **tasse**

Ingrédients:

½ **tasse d'huile d'olive**
½ **tasse d'huile à salade**
¼ **de tasse de vinaigre de vin**
¼ **de tasse de jus de citron**
2 c. à t. de sucre
¼ **de c. à t. de moutarde sèche**
1 c. à t. de sel
  poivre
¼ **de c. à t. de paprika**
¼ **de c. à t. de sel de céleri**

2. Couvrez et laissez reposer plusieurs heures au réfrigérateur.

Remarque:
Cette vinaigrette se sert avec une salade de fruits frais ou moulée.

Préparation:

1. Faites le mélange de tous les ingrédients.
2. Placez dans un pot.
3. Couvrez.
4. Mêlez parfaitement.

VINAIGRETTE AUX FINES HERBES

Ingrédients:

2 c. à t. d'oignons hachés finement
2 c. à t. de fines herbes
2 c. à t. de câpres

Préparation:

1. Ajoutez les oignons, les fines herbes et les câpres à la sauce française.

VINAIGRETTE AU ROQUEFORT

Ingrédients:

⅓ de tasse de fromage Roquefort

3 c. à tab. de crème

Paprika

Préparation:

1. Ajoutez tous ces ingrédients à la sauce française.

VINAIGRETTE POUR CHOU OU LAITUE

Ingrédients:

1 tasse de crème 15%

1 tasse de sucre

1 pincée de sel

vinaigre ou jus de citron, au goût.

Préparation:

1. Faites le mélange de la crème, du sucre et du sel dans un petit bol.
2. Brassez pour dissoudre le sucre.
3. Ajoutez doucement, le vinaigre ou le jus de citron, au goût.

LES LÉGUMES

LES LÉGUMES

L'été est vraiment la saison où il faut profiter au maximum des légumes tout beaux, tout bons, tout frais.

Si vous avez le bonheur d'être parmi les privilégiés qui peuvent aller les cueillir dans leur potager, profitez de votre chance et sachez l'apprécier.

Si vous êtes entouré de béton et que vous avez la nostalgie des espaces verts, partez, le panier au bras, faire emplettes de légumes frais dans un des grands marchés en plein air de la métropole. Vous y puiserez non seulement une bouffée de bon air en voyant avec quel enthousiasme les cultivateurs vous offrent les fruits de leur labeur quotidien, mais une source d'énergie dont profiteront tous ceux qui vous entourent.

AUBERGINES ET TOMATES

Portions: 6
Cuisson 30 min.

Ingrédients:

2 **aubergines**
6 **tomates tranchées**
   huile, beurre
   chapelure
2 **gousses d'ail**
   persil haché
   sel, poivre

Préparation:

1. Pelez les aubergines, coupez-les en tranches.
2. Chauffez le beurre et l'huile; faites sauter les aubergines puis les tomates; salez, poivrez.
3. Déposez dans un plat allant au four, un rang d'aubergines, un rang de tomates, en alternant.
4. Saupoudrez de chapelure, de persil et d'ail hachés.
5. Parsemez de noisettes de beurre.
6. Faites cuire au four à 350°F., 25 à 30 min.
7. Servez dans le plat de cuisson.

Remarque:
Vous pouvez omettre l'ail.

BEIGNETS D'AUBERGINES

Portions: 6

Ingrédients:

3 aubergines moyennes
   pâte à frire (**voir p. 139**)
   huile
1 tasse de mayonnaise
4 échalotes finement
   hachées
¼ de tasse de vin blanc
   sec
1 c. à tab. de ciboulette

Préparation:

1. Pelez les aubergines.
2. Coupez-les en tranches de ¼ de po. d'épaisseur.
2. Passez-les dans la pâte à frire.
4. Faites cuire dans l'huile jusqu'à bien dorées.
5. Réservez au chaud et préparez la sauce.
6. Faites cuire les échalotes dans le vin blanc jusqu'à ce que le liquide soit complètement évaporé.
7. Retirez du feu et laissez refroidir.
8. Ajoutez les échalotes à la mayonnaise et la ciboulette en mélangeant parfaitement.

Remarque:
Éliminez une tranche des extrémités des aubergines qui est la plus amère.

CÉLERI SURPRISE

Portions: 6
Cuisson: 20 à 25 min.

Ingrédients :

1 pied de céleri haché
3 oeufs cuits durs
6 tomates
2 tasses de sauce no 2
¼ de tasse de fromage râpé

Préparation :

1. Faites cuire le céleri à l'eau bouillante salée.
2. Préparez la sauce en vous servant d'une tasse du liquide de cuisson et d'une tasse de lait.
3. Mélangez une tasse de sauce au céleri.
4. Versez dans un plat allant au four.
5. Placez les oeufs et les tomates tranchées sur le céleri.
6. Recouvrez avec le reste de la sauce.
7. Saupoudrez du fromage.
8. Placez au four à 375°F., 20 à 25 min.

Remarque :
Vous pouvez cuire les légumes la veille et les égoutter.

CHAMPIGNONS PARMENTIER   *Photo page 134*

Portions : 6
Cuisson : purée : 20 min.
au four : 10 min.

Ingrédients :

½ lb. de champignons
4 tasses de purée de pommes de terre
sel, poivre

Préparation :

1. Lavez les champignons.
2. Coupez les queues au ras des têtes.
3. Hachez très finement les

1 oeuf
beurre fondu
persil haché

queues et faites-les dorer au beurre ainsi que les têtes.

4. Faites une bonne purée de pommes de terre, salez, poivrez, ajoutez les queues de champignons hachées et l'oeuf.
5. Réservez les têtes de champignons et de la purée pour la garniture.
6. Placez la purée dans un plat beurré allant au four.
7. Àl'aide d'une douille faites une bordure de pommes de terre.
8. Placez les champignons tout autour.
9. Arrosez de beurre fondu.
10. Placez au four à 425°F., 10 min.
11. Saupoudrez les champignons de persil haché.

CHOU-FLEUR À LA CRÈME

Portions: 6
Cuisson: 30 min.

Ingrédients:

1 **chou-fleur**
2 **tasses de béchamel no 2**
1 **oeuf**
¼ **de tasse de crème 15%**
⅓ **de tasse de gruyère râpé**
⅓ **de tasse de jambon coupé en dés**
6 **tomates**
persil

Préparation:

1. Parez le chou-fleur; faites-le cuire à l'eau bouillante salée.
2. Préparez 2 tasses de béchamel no 2.
3. Ajoutez en dernier à la sauce, l'oeuf battu dans la crème, le gruyère et le jambon.
4. Égouttez le chou-fleur. Placez-le dans un plat creux.
5. Versez la sauce dessus.
6. Tout autour garnissez de tomates blanchies.
7. Saupoudrez de persil.

CHOU-FLEUR AU PAPRIKA

Portions: 6
Cuisson: 10 min.

Ingrédients:

1   chou-fleur
2   c. à t. de paprika
    persil haché
⅔   de tasse d'huile
3   c. à tab. de vinaigre
    sel, poivre
6   tomates

Préparation:

1. Parez le chou-fleur, lavez-le, enveloppez-le dans une mousseline.
2. Faites-le cuire 8 à 10 min. à l'eau bouillante salée.
3. Égouttez-le, enlevez la mousseline, posez-le sur le plat de service.
4. Délayez le paprika avec l'huile, ajoutez un filet de vinaigre.
5. Arrosez le chou-fleur, saupoudrez-le de persil haché.
6. Entourez-le de rondelles de tomates.

CONCOMBRES AU GRATIN

Portions: 6
Cuisson: 30 min.

Ingrédients:

3   concombres
    beurre et huile
¼   de tasse de beurre
¼   de tasse de farine
2   tasses de lait
    sel, poivre
½   tasse de fromage râpé

Préparation:

1. Pelez les concombres, coupez-les en 2, enlevez les graines.
2. Taillez-les en bâtonnets.
3. Chauffez le beurre et l'huile dans une casserole, mettez les concombres à cuire à feu doux, salez et poivrez.
4. Couvrez et laissez cuire doucement 10 min.
5. Chauffez le beurre, ajoutez la farine, faites cuire.
6. Enlevez du feu, versez le lait, mêlez parfaitement.

7. Remettez sur le feu et faites cuire en brassant.
8. Salez, poivrez.
9. Placez les concombres égouttés dans un plat beurré allant au four.
10. Versez la sauce sur les concombres.
11. Saupoudrez avec le gruyère.
12. Faites gratiner à four chaud.

ENDIVES À LA ROYALE

Portions: 6
Cuisson: 50 min.

Ingrédients:

6	**endives**
3	**oeufs**
½	**tasse de crème 15%**
	sel, poivre
	muscade
2	**c. à tab. de beurre**

Préparation:

1. Parez, coupez les endives.
2. Faites-les cuire à l'eau bouillante salée.
3. Beurrez un plat allant au four.
4. Rangez les endives parfaitement égouttées.
5. Battez les oeufs, ajoutez la crème.
6. Assaisonnez de sel, de poivre et de muscade.
7. Versez sur les endives.
8. Parsemez de noisettes de beurre.
9. Faites cuire au four à 375°., 20 à 30 min. ou jusqu'à ce que les oeufs soient cuits.

Remarque:
Vous pouvez ajouter un peu de sucre dans l'eau de cuisson des endives, ce qui enlève leur amertume.

CONCOMBRES FARCIS À LA VIANDE

Photo page 134

Portions: 6
Cuisson: 30 min.

Ingrédients:

3 **concombres**
2 **tasses de viande cuite**
   sel, poivre
1 **oeuf**
1 **gousse d'ail**
   persil
1 **oignon**
2 **carottes**
1½ **tasse de sauce tomate**
   (voir Cuisine du printemps, p. 90)

Préparation:

1. Pelez les concombres; coupez-les en tronçons de 1½ à 2 po.
2. Plongez-les dans l'eau bouillante 2 min. passez-les à l'eau froide; égouttez-les.
3. Évidez les tronçons en laissant un fond de façon à obtenir des sortes de caissettes.
4. Assaisonnez parfaitement la viande hachée, ajoutez l'oeuf, l'ail et le persil.
5. Farcissez les concombres de la préparation viande.
6. Coupez l'oignon et les carottes en lamelles.
7. Disposez-les dans un plat beurré allant au four.
8. Déposez les concombres sur les légumes.
9. Versez la sauce tomate.
10. Recouvrez d'un papier d'aluminium.
11. Placez au four à 350°F. environ une demi-heure ou jusqu'à parfaitement chaud.

ÉPINARDS ET CAROTTES

Portions: 6
Cuisson: 5 min.

Ingrédients:

2 **lb d'épinards**

Préparation:

1. Parez et lavez les épinards.

3 carottes
jus d'un demi citron
sel, poivre
croûtons frits

2. Faites cuire quelques minutes.
3. Râpez finement les carottes.
4. Égouttez et rafraîchissez les épinards; arrosez-les de jus de citron, salez et poivrez.
5. Placez-les au centre du plat et les carottes autour.
6. Décorez avec les croûtons frits.

FLAN AUX CAROTTES

Portions: 6
Cuisson: 40 min.

Ingrédients:

2 lb. de carottes
1 à 2 tasses de bouillon
sel, poivre
1 c. à tab. de farine
4 jaunes d'oeufs
4 blancs d'oeufs

Préparation:

1. Parez et coupez les carottes en morceaux.
2. Faites-les cuire à l'eau bouillante salée 15 min.
3. Égouttez-les. Remettez-les dans la casserole avec le bouillon bouillant
4. Achevez la cuisson à feu doux.
5. Égouttez les carottes; pilez-les; salez, poivrez, saupoudrez de farine, mouillez avec quelques cuillerées de bouillon de cuisson.
6. Ajoutez les jaunes d'oeufs battus puis les blancs montés en neige avec une pincée de sel.
7. Versez dans un plat beurré allant au four.
8. Faites cuire au four à 350°F., 20 à 25 min.
9. Servez chaud.

GÂTEAU D'AUBERGINES

Portions: 6
Cuisson: 15 à 20 min.

Ingrédients:

2 **aubergines moyennes**
1 **oignon haché**
1 **gousse d'ail**
  beurre et huile
3 **tasses de viande**
  hachée
3 **c. à tab. de concentré**
  de tomate
  sel, poivre
  chapelure
  persil
  beurre

Préparation:

1. Pelez les aubergines.
2. Coupez-les en tranches.
3. Faites-les dégorger au sel.
4. Essuyez-les soigneusement.
5. Chauffez beurre et huile et faites revenir les aubergines; gardez-les au chaud.
6. Faites revenir l'oignon et l'ail; ajoutez le concentré de tomate et la viande hachée, salez et poivrez.
7. Laissez mijoter 5 min.
8. Dans un plat allant au four, disposez, en alternant, un rang d'aubergines et un rang de hachis.
9. Saupoudrez de chapelure et de persil.
10. Parsemez de noisettes de beurre.
11. Placez au four à 400°F., 10 à 15 min. ou jusqu'à parfaitement chaud.

Remarques:
Vous pouvez utiliser un reste de viande. Ce plat se sert bien avec une sauce tomate.

HARICOTS VERTS À LA NIÇOISE

Portions: 6
Cuisson: 40 min.

Ingrédients:

  Beurre et huile
4 **tomates**

Préparation:

1. Faites chauffer le beurre et l'huile.

1 **lb. de haricots**
1 **gousse d'ail**
   thym, laurier
   sel, poivre
1 **citron**
   persil

2. Ajoutez les tomates coupées en quartiers, l'ail, le thym, le laurier.
3. Faites cuire les haricots 5 min. à l'eau bouillante.
4. Placez le mélange de tomates dans un plat allant au four.
5. Égouttez les haricots; mettez-les sur les tomates, salez, poivrez; couvrez, faites cuire 30 min.
6. Servez avec citron et persil.

OIGNONS FARCIS

Portions: 6
Cuisson: 30 à 35 min.

Ingrédients:

6 *oignons*
½ **lb. de champignons émincés**
1 **tasse de viande cuite hachée**
1 **gousse d'ail**
1 **tomate**
1 **oeuf**
1 **tranche de pain rassi trempé dans du lait et égoutté**
   persil
   une pincée de muscade
   sel, poivre
   mie de pain

Préparation:

1. Faites blanchir les oignons à l'eau bouillante salée environ 10 min.
2. Faites le mélange des champignons, de la viande, de l'ail, de la pulpe de tomate, de l'oeuf, du pain, du persil, de la muscade, du sel et du poivre.
3. Creusez les oignons et garnissez-les de la farce.
4. Beurrez un plat allant au four.
5. Rangez-y les oignons; saupoudrez-les de mie de pain.
6. Faites gratiner au four à 375°F., 20 à 25 min., arrosant de temps à autre avec le bouillon de cuisson des oignons.

TOMATES AU GRATIN

Portions: 6
Cuisson: 25 min.

Ingrédients:

6 tomates
3 échalotes hachées
  sel, poivre
  beurre
¼ de tasse de fromage de Gruyère
2 c. à tab. de chapelure
  persil haché

Préparation:

1. Coupez les tomates en deux.
2. Retirez les graines.
3. Beurrez un plat allant au four.
4. Déposez les moitiés de tomates.
5. Mélangez les échalotes, le fromage râpé, la chapelure, le sel et le poivre.
6. Versez le mélange sur les tomates.
7. Parsemez de persil haché et de quelques noisettes de beurre.
8. Faites cuire au four à 350°F., 25 min.
9. Servez dans le plat de cuisson.

ZUCHETTES AU RIZ

Portions: 6
Cuisson: 30 min.

Ingrédients:

6 petites zuchettes ou 4 moyennes
  beurre et huile
2 gousses d'ail
1 oignon haché
2 tasses de bouillon
  sel, poivre
  cari, safran
1 tasse de riz
  gruyère râpé

Préparation:

1. Pelez les zuchettes; coupez-les en tronçons et faites-les revenir dans le beurre et l'huile avec l'oignon et l'ail.
2. Mouillez de bouillon, salez, poivrez, ajoutez le cari et le safran.
3. Amenez à ébullition; jetez-y le riz; couvrez.
4. Placez au four à 350°F., 20 min.

5. Servez dans un plat chaud.
6. Mettez les zuchettes au centre, entourez-les de riz et saupoudrez de fromage râpé.

LES QUESTIONS QU'ON ME POSE

LES LÉGUMES

Q. Quels sont les légumes que l'on peut glacer?
R. Vous pouvez glacer: les carottes, les courges, les panais, les oignons et les navets.

Q. Comment les glace-t-on?
R. 1) Faites cuire les légumes dans l'eau bouillante salée.
2) Égouttez-les et déposez-les dans une casserole.
3) Saupoudrez les légumes de cassonade et arrosez-les de miel ou de sirop d'érable.
4) Parsemez de noisettes de beurre.
5) Faites cuire à découvert sur l'élément, au four ou au grilleur.
6) Retournez-les de temps à autre pour les glacer uniformément.
7) Ajoutez une pincée de muscade ou de clou moulu durant la cuisson.

Q. Avec quelles viandes peut-on présenter des légumes glacés?
R. Ils sont délicieux servis avec l'agneau et le veau.

Q. Avez-vous une méthode pour cuire des légumes au beurre?
R. Il existe une méthode pour les légumes très frais ou surgelés, la voici:
1) Enveloppez-les dans des feuilles de laitue humide.
2) Faites fondre à feu médium un peu de beurre dans une casserole. Ajoutez les légumes assaisonnés au goût, couvrez.
3) Faites cuire à feu médium, jusqu'à ce que la vapeur se dégage tout le tour du couvercle.
4) Continuez la cuisson à feu moyen.

LES POMMES DE TERRE

Q. *Comment cuire des pommes de terre pour les mettre dans une salade?*

R. Vous devez les cuire en robe des champs, les peler et les assaisonner encore tièdes; ajoutez-les coupées en cubes ou en tranches, aux autres ingrédients de la salade afin qu'elles prennent du goût à leur contact.

Q. *Connaissez-vous un moyen d'améliorer le goût des vieilles pommes de terre?*

R. Oui, en ajoutant un peu de sucre à l'eau de cuisson.

LE MAÏS

Q. *Quelle erreur commet-on généralement dans la cuisson du maïs en épi?*

R. On le cuit trop longtemps. Dix minutes de pleine ébullition suffisent amplement pour le maïs déjà vieux et il ne faut guère donner plus de cinq minutes aux jeunes épis. Une cuisson trop prolongée rend le maïs dur.

LE CONCOMBRE

Q. *Est-ce qu'il nous est facile de choisir des concombres exempts d'amertume?*

R. Choisissez-les de forme cylindrique et droite, ceux qui ont une extrémité renflée sont amers.

Q. *Si nous n'avons pas le choix dans les concombres comment peut-on faire disparaître l'amertume?*

R. Il faut les faire dégorger avec du sel avant de les accommoder d'une façon quelconque.

Q. *Est-ce qu'il y a une partie indigeste dans le concombre?*

R. Coupez le concombre en deux dans le sens de la longueur et ôtez la partie gélatineuse qui contient les pépins. Cette partie est en effet indigeste.

LES SALADES

LES SALADES

Quand arrivent les beaux jours, les salades ont toutes les qualités: elles se préparent en un tournemain, on peut les garder au frais avant l'arrivée des invités, jusqu'à la toute dernière minute.

Toujours prêtes, elles libèrent la maîtresse de maison de "cuisiner" quand il fait assez chaud pour cuire un oeuf au soleil! Elles ouvrent l'appétit car elles ont belle apparence: croustillantes, rafraîchissantes, remplies de vitamines, elles sont les bienvenues partout, même chez celles qui surveillent leur ligne!

Elles ont leur place sur toutes les tables, qu'il s'agisse d'un buffet bien garni ou d'un panier de pique-nique. Elles sont l'essence même des beaux jours de la cuisine en plein-air.

ASPIC ÉTAGÉ DE FROMAGE ET TOMATE

Portions: 8

Ingrédients:

1 c. à tab. de gélatine
2 c. à tab. de jus de citron
¼ de tasse d'eau bouillante
¼ de lb de fromage à la crème
¼ de tasse de mayonnaise
sel
¼ de tasse de céleri en dés
1 c. à tab. de ciboulette

Préparation:

1. Gonflez la gélatine dans le jus de citron.
2. Ajoutez l'eau bouillante, brassez pour dissoudre.
3. Refroidissez.
4. Faites le mélange du fromage, de la mayonnaise, du sel, du céleri et de la ciboulette.
5. Incorporez le mélange gélatine.
6. Versez dans un moule huilé de 6 tasses.

3 c. à tab. de gélatine
1 tasse d'eau bouillante
¼ de tasse d'eau froide
2 tasses de sauce tomate
2 c. à tab. de jus de
    citron
    sel
	7. Gonflez la gélatine dans l'eau froide.
	8. Ajoutez l'eau bouillante, brassez pour dissoudre.
	9. Ajoutez la sauce tomate, le jus de citron et le sel.
	10. Refroidissez à demi.
	11. Versez dans le moule sur le mélange de fromage.
	12. Refroidissez.
	13. Démoulez et servez sur de la laitue.

Remarque:
Vous pouvez faire cet aspic dans de petits moules individuels.

SALADE AU FROMAGE ET OLIVES

Portions: 8 à 10

Ingrédients:

2 c. à tab. de gélatine
¼ de tasse d'eau froide
1 tasse de sauce tomate
2 c. à tab. de vinaigre
    sel
2 tasses de fromage
    cottage
1 tasse d'olives coupées
½ tasse de mayonnaise
1 tasse de céleri en dés
⅓ de tasse de piment vert
    en dés
¼ de tasse de piment
    rouge
    olives

Préparation:

1. Gonflez la gélatine dans l'eau froide.
2. Chauffez la sauce tomate, ajoutez la gélatine pour dissoudre; refroidissez.
3. Ajoutez le vinaigre et le sel.
4. Passez le fromage au tamis.
5. Incorporez le fromage, les olives, la mayonnaise, le céleri, les piments verts et rouges dans le mélange gélatineux.
6. Versez dans un moule à pain huilé, de 8½ x 4½ x 2½
7. Refroidissez jusqu'à ferme.
8. Démoulez sur de la laitue.
9. Garnissez d'olives.

SALADE CARDINAL

Portions: 4 à 6

Ingrédients:

3   on. de gélatine au citron
1   tasse d'eau bouillante
¾   de tasse de jus de betteraves
3   c. à tab. de vinaigre de cidre.
1   c. à tab. de raifort.
1   c. à t. de sel.
¾   de tasse de chou râpé
1   tasse de betteraves en dés.
2   c. à tab. d'oignons hachés

Préparation:

1. Faites dissoudre la gélatine au citron dans l'eau bouillante.
2. Ajoutez le jus de betteraves, le vinaigre, le raifort et le sel.
3. Refroidissez à demi.
4. Ajoutez le chou râpé, les betteraves et l'oignon.
5. Versez dans un moule huilé de 4 tasses.
6. Refroidissez et servez sur feuillage vert.

SALADE CHAUDE DE POMMES DE TERRE

Portions: 6
Cuisson: 20 à 30 min.

Ingrédients:

4   tasses de pommes de terre coupés en dés
1   c. à t. de sucre
    sel, poivre
1   oignon émincé
6   tranches de bacon cuit, coupé en dés
¼   tasse de gras de bacon
½   tasse de vinaigre

Préparation:

1. Faites cuire les pommes de terre a l'eau bouillante salée dans leur pelure.
2. Refroidissez assez pour pouvoir les peler et les couper en dés.
3. Ajoutez le sucre, le sel, le poivre, l'oignon et le bacon.
4. Mélangez délicatement.
5. Dans une grande casserole, chauffez le gras de bacon et le vinaigre.
6. Ajoutez les pommes de terre et mêlez.

7. Laissez sur un feu très doux, 5 ou 10 min.
8. Servez chaud.

SALADE DE LANGUE DE BOEUF

Portions: 6 à 8

Ingrédients:

1 **langue de boeuf**
1 **oignon en morceaux**
1 **branche de céleri coupé**
1 **carotte coupée**
3 **clous de girofle**
  sel, poivre
¼ **de tasse de cornichons sucrés**
1 **tasse de céleri en dés**
3 **oeufs cuits durs hachés**
1 **c. à tab. d'oignon**
2 **c. à t. de sucre**
3 **c. à tab. de piments rouges**

mayonnaise ou sauce française

Préparation:

1. Dégorgez, brossez et parez la langue.
2. Placez l'oignon, la branche de céleri et la carotte, les clous de girofle, le sel et le poivre dans une casserole; ajoutez de l'eau froide; faites chauffer jusqu'au point d'ébullition.
3. Ajoutez la langue, faites mijoter jusqu'à ce qu'elle soit tendre, environ 2 ou 3 h.
4. Retirez la langue du bouillon, passez-la à l'eau froide.
5. Enlevez la peau, coupez finement la langue.
6. Mesurez-en 2 tasses et ajoutez les cornichons, le céleri, les oeufs, les oignons, le sucre, le piment et la sauce.
7. Refroidissez 1 heure.
8. Servez sur des feuilles de laitue.

Remarque:
Ce mélange peut servir de remplissage pour sandwiches.

SALADE D'ASPERGES

Portions: 8

Ingrédients:

1 bte de crème d'asperges
1 paquet de 3 on. de gélatine de lime
½ lb de fromage à la crème
½ tasse de mayonnaise
½ tasse d'eau froide
1 tasse de céleri en dés
2 c. à tab. d'oignons hachés
½ tasse de piment vert
½ tasse de noix

Préparation:

1. Chauffez la crème d'asperges, enlevez du feu, ajoutez la gélatine de lime.
2. Brassez pour dissoudre.
3. Ajoutez le fromage, mêlez parfaitement jusqu'à ce que ce soit fondu.
4. Ajoutez l'eau et la mayonnaise.
5. Laissez refroidir à demi.
6. Ajoutez le céleri, les oignons, le piment et les noix.
7. Versez dans un moule huilé de 5 tasses.
8. Démoulez sur du feuillage vert.

SALADE D'AUBERGINES

Portions: 8

Ingrédients:

2 aubergines
1 c. à tab. de jus de citron
1 petit oignon émincé
½ tasse de céleri en dés
1 tasse de noix hachées
vinaigrette
sel, poivre
laitue romaine
¼ de tasse de mayonnaise
2 oeufs cuits durs
olives farcies

Préparation:

1. Pelez les aubergines.
2. Coupez-les en cubes; faites-les cuire à l'eau bouillante salée et citronnée.
3. Faites le mélange de l'aubergine, de l'oignon, du céleri et des noix.
4. Tapissez un bol à salade de laitue romaine ou autre.
5. Placez au centre le mélange d'aubergines.
6. Ajoutez la vinaigrette.
7. Décorez de mayonnaise, des tranches d'oeufs cuits durs et des olives.

SALADE D'ASPERGES ET DE BACON

Portions: 6

Ingrédients:

2	**lb. d'asperges fraîches**
½	**lb. de bacon**
¼	**de tasse de vinaigre de vin**
1	**c. à t. de sucre**
	sel, poivre
2	**oeufs cuits durs**
2	**échalotes fraîches**
	laitue

Préparation:

1. Parez les asperges et faites-les cuire.
2. Refroidissez.
3. Faites cuire le bacon.
4. Coupez-le en dés.
5. Dans le gras du bacon, ajoutez le vinaigre, le sucre, le sel et le poivre.
6. Placez les asperges sur de la laitue.
7. Couvrez avec les oeufs cuits durs tranchés.
8. Saupoudrez de bacon et d'échalote.
9. Versez la vinaigrette et servez.

Remarque:
Vous pouvez utiliser des asperges en conserve.

SALADE DE CAROTTE ET DE CHOU

Portions: 6

Ingrédients:

	la moitié d'un petit chou râpé
4	**carottes râpées**
1	**cornichon émincé**
¼	**de piment vert**
¼	**de piment rouge**
	sel, poivre
¼	**de tasse de vinaigre**
	mayonnaise

Préparation:

1. Faites le mélange du chou, des carottes, du cornichon, du piment vert et du piment rouge.
2. Assaisonnez au goût.
3. Ajoutez le vinaigre et suffisamment de mayonnaise pour lier.
4. Servez.

SALADE DE LÉGUMES

Portions: 6 à 8

Ingrédients:

2 c. à tab. de gélatine
¼ de tasse d'eau
1 c. à tab. de sucre
1 c. à t. de sel
   poivre
1½ tasse d'eau bouillante
¼ de tasse de vinaigre
1 c. à tab. de jus de
   citron
¼ de tasse d'échalotes
1 tasse d'épinards hachés finement
1 tasse de céleri en dés
¼ de tasse de carottes
   râpées

Préparation:

1. Gonflez la gélatine dans l'eau froide.
2. Faites le mélange du sel, du sucre et du poivre; versez l'eau bouillante.
3. Ajoutez la gélatine gonflée, brassez pour dissoudre.
4. Ajoutez le vinaigre et le jus de citron.
5. Laissez refroidir à demi.
6. En dernier lieu faites le mélange avec les légumes.
7. Versez dans un moule huilé de 5 tasses.
8. Refroidissez.
9. Démoulez et servez.

SALADE DE POMMES DE TERRE

Portions: 8

Ingrédients:

6 pommes de terre
1 oignon émincé
1 c. à t. de graines de
   céleri
   sel, poivre
2 c. à t. de sucre
½ tasse de sauce russe
   (voir p. 90)
½ tasse de mayonnaise
1 c. à tab. de jus de
   citron

Préparation:

1. Faites cuire les pommes de terre.
2. Pelez-les pendant qu'elles sont encore chaudes, coupez-les en cubes.
3. Ajoutez l'oignon, les graines de céleri, le sel, le poivre, le sucre, la vinaigrette, la mayonnaise et le jus de citron.
4. Refroidissez.
5. Peu de temps avant de servir, ajoutez les radis et le céleri.

2 tasses de radis
tranchés
1½ tasse de céleri coupé
en cubes

6. Vérifiez l'assaisonnement et ajoutez plus de vinaigrette si c'est nécessaire.
7. Servez sur de la laitue.

SALADE DE POULET ET DE LÉGUMES

Portions: 6

Ingrédients:

3 tasses de poulet en dés
1 tasse de céleri en dés
½ tasse de piment vert
½ tasse de piment rouge
1 c. à tab. de jus de citron
sel, cayenne
1 tasse de mayonnaise

Préparation:

1. Mélangez le poulet, le céleri, les piments verts et rouges.
2. Ajoutez le jus de citron, le sel et le cayenne à la mayonnaise.
3. Ajoutez la mayonnaise au premier mélange.
4. Servez sur de la laitue.

SALADE DE RIZ ET POULET

Portions: 6

Ingrédients:

2 tasses de riz cuit
2 tasses de poulet en cubes
1 tomate coupée
¼ de tasse d'olives farcies coupées
¼ de tasse d'oignon haché
sel
½ tasse de mayonnaise
½ c. à t. de poudre de cari
2 c. à tab. de lait

tranches de tomates
olives
persil

Préparation:

1. Dans un grand bol, faites le mélange du riz, du poulet, de la tomate, des olives, des oignons et du sel.
2. Mêlez la mayonnaise, la poudre de cari et le lait.
3. Ajoutez au premier mélange. Brassez de façon à bien enrober les ingrédients.
4. Refroidissez.
5. Tapissez un bol avec de la laitue.
6. Déposez la salade.
7. Décorez de tranches de tomates, d'olives et de persil.

SALADE DE MACARONI ET LÉGUMES

Portions: 8
Cuisson: 15 à 20 min.

Ingrédients:

1 tasse de macaroni
2 tasses de jambon coupé en juliennes
1 tasse de fromage Cheddar coupé en cubes
½ tasse de céleri taillé en biseaux
½ tasse de concombres coupés en cubes
3 échalotes tranchées en gardant le vert
2 c. à tab. de piment rouge coupé
¼ de tasse de vinaigre de cornichons
½ tasse de mayonnaise
1 c. à tab. de moutarde préparée
sel

Préparation:

1. Faites cuire le macaroni à l'eau bouillante salée.
2. Refroidissez.
3. Ajoutez le jambon, le fromage, le céleri, les concombres, les échalotes et le piment.
4. Faites le mélange du vinaigre, de la mayonnaise, de la moutarde et du sel.
5. Ajoutez délicatement au mélange macaroni.
6. Refroidissez et servez.

SALADE MOULÉE D'ÉPINARDS

Portions: 6

Ingrédients:

2 lbs d'épinards
⅓ de tasse de crème sure
½ tasse de céleri coupé en dés
1 oignon haché
1 c. à tab. de vinaigre persil, sel

Préparation:

1. Parez les épinards et lavez-les.
2. Égouttez-les parfaitement et coupez-les.
3. Ajoutez la crème sure aux épinards, au céleri et à l'oignon.

116

estragon, cerfeuil
Vinaigrette
1 tasse de crème sure
¼ de tasse de concombre
râpé.

4. Assaisonnez avec le mélange de vinaigre, persil, sel, estragon et cerfeuil.
5. Mêlez parfaitement.
6. Placez dans un moule-couronne de 4 tasses ou dans de petits moules individuels.
7. Refroidissez parfaitement.
8. Démoulez.
9. Servez avec le mélange de crème sure et de concombre.

LES QUESTIONS QU'ON ME POSE.

LES SALADES

Q. Que sont les salades?

R. Ce sont des préparations ou des mets variés composés de légumes crus ou cuits, de viande ou de poisson, d'oeufs, de fruits, toujours froides, assaisonnées d'huile, de vinaigre, de crème, de sel et de poivre.

Q. Les salades renferment-elles une grande valeur alimentaire?

R. *Elles sont riches:*
    en vitamines (A,B,C)
    en matières minérales (Ca, Fe, P)
    en cellulose.

Elles sont pauvres:
    en protides (excepté les salades de poisson,
    de viande et d'oeufs, etc.)
    en liquides
    en glucides.

Elles sont recommandées spécialement aux adolescents.

Q. Comment classe-t-on les salades?

R. a) *Les salades simples:*
    1. Salades vertes
    2. Salades de légumes crus ou cuits, fruits (un seul légume)

b) *Les salades composées:*
   1. Salades de légumes: crus ou cuits.
   2. Salades de viande: veau, jambon, volaille.
      Salades de poisson: thon, saumon, etc.
      Salades de crustacés: crevettes, homard, etc.
   3. Salades en gelée et moulées: souvent à base de gélatine.
   4. Salades aux fruits: elles sont très rafraîchissantes.

Q. Comment devons-nous procéder pour servir des salades fraîches?

R. 1) Servez des verdures très froides et croustillantes.
   2) Conservez les feuilles extérieures de la laitue qui, très ouvertes serviront de fond pour les salades aux légumes.
   3) Mettez la sauce à salade sur de la laitue ou autre verdure juste au moment de servir.
   4) Marinez dans une sauce vinaigrette les légumes, le poisson et la viande qui doivent entrer dans une salade.
   5) Que la salade soit aussi attrayante à l'oeil qu'au palais.
   6) Variez les salades, de même que les sauces à salades qui les accompagnent.

Q. À quel moment devons-nous assaisonner une salade?

R. Vous assaisonnez une salade juste avant de la présenter, sinon la plus appétissante des salades s'affaisse.

Q. Pourquoi devons-nous servir la laitue très fraîche?

R. C'est afin de pouvoir consommer les feuilles vertes, celles-ci contiennent plus de vitamine C que les jaunes.

Q. Est-ce possible de défaire une pomme de laitue "iceberg" sans briser les feuilles?

R. a) Frappez le coeur de la laitue pour qu'il s'enlève facilement.
   b) Faites couler l'eau dans le creux jusqu'à ce que les feuilles s'ouvrent.
   c) Détachez délicatement les feuilles, elles seront très belles pour recevoir une cuillerée de légumes hachés ou un moule de gélatine.

LES DESSERTS

BALLES DE MELON REFROIDIES

Portions: 8
Cuisson: 2 min.

Ingrédients:

2 tasses d'eau
1 tasse de sucre
4 feuilles de menthe
¼ de tasse de jus de citron
2 tasses de balles de melon au miel
2 tasses de balles de melon d'eau
2 tasses de balles de melon brodé

Préparation:

1. Faites chauffer l'eau dans une casserole; ajoutez le sucre et les feuilles de menthe.
2. Faites bouillir 2 min.
3. Enlevez les feuilles de menthe; ajoutez le jus de citron.
4. Faites refroidir.
5. Placez les balles refroidies dans des coupes.
6. Ajoutez le jus refroidi.
7. Servez.

CERISES AU VIN

Photo page 133

Portions: 8
Cuisson: 5 min.

Ingrédients:

2 lb. de cerises
1¼ tasse de sucre
½ bouteille de vin rouge
1 ananas
¼ de tasse de sucre
¼ de tasse de Kirsch

Préparation:

1. Dénoyautez les cerises.
2. Faites-les cuire avec le sucre et le vin rouge, environ 5 min.
3. Retirez les cerises avec l'écumoire et laissez réduire le vin.
4. Pelez l'ananas; coupez-le en tranches et en morceaux; saupoudres de ¼ de tasse de sucre et arrosez de 2 c. à tab. de kirsch.
5. Laissez macérer.
6. Ajoutez les 2 autres c. à tab. de Kirsch dans le sirop réduit.
7. Quand tout est bien froid, garnissez le tour d'une assiette avec des demi-tranches d'ananas.

8. Mettez des cerises et des morceaux d'ananas au centre.
9. Versez le sirop bien froid dessus.

COMPOTE DE RHUBARBE

Portions: 6 tasses
Cuisson: 20 à 25 min.

Ingrédients:

4 tasses de rhubarbe
2½ tasses de cassonade
1 tasse de raisins épépinés
le jus et le zeste d'une orange

Préparation:

1. Coupez la rhubarbe en morceaux d'un demi-pouce.
2. Placez dans une casserole, la rhubarbe, la cassonade, le raisin, le jus et le zeste d'une orange.
3. Laissez reposer toute la nuit.
4. Placez sur le feu. Faites cuire environ 20 à 25 min. en ayant soin de ne pas trop défaire la rhubarbe en la brassant.

FRIANDISE À L'ORANGE

Portions: 12

Ingrédients:

3 on. de gélatine au citron
3 on. de gélatine à l'orange
1 tasse d'eau bouillante
2 tasses de lait évaporé refroidi
¾ de tasse de sucre jus de 1 orange
1 tasse de miettes de biscuits Graham

Préparation:

1. Placez les gélatines dans un bol.
2. Versez l'eau bouillante dessus.
3. Faites refroidir parfaitement.
4. Battez le lait refroidi; ajoutez le sucre et le jus d'orange, en dernier ajoutez la gélatine et battez.
5. Versez dans un moule 9 x 14.
6. Saupoudrez les miettes de biscuits.
7. Placez au réfrigérateur.
8. Coupez en carrés.

CRÈME ANGLAISE

Portions: 6
Cuisson: 10 min.

Ingrédients:

2	tasses de lait
3	jaunes d'oeufs
¾	de tasse de sucre
1	c. à t. de vanille

Préparation:

1. Chauffez le lait au bain-marie.
2. Dans un bol mélangez les jaunes, ajoutez graduellement le sucre, battez avec une cuillère en bois.
3. Versez doucement le lait sur le mélange, en brassant.
4. Remettez sur le feu et brassez jusqu'à ce que le mélange nappe la cuiller
5. Ajoutez la vanille.

Remarques:
Servez-vous du dos de la cuillère en bois sur lequel la crème nappe lorsque la sauce est cuite, c'est-à-dire qu'elle adhère. Retirez immédiatement la crème du feu car elle tourne facilement.

Pour que la crème ne fasse pas de pellicule sur le dessus, il est important de la refroidir très vite et de la vanner, c'est-à-dire de la remuer lentement jusqu'à refroidissement complet.

DÉLICE AU CHOCOLAT *Photo page 132*

Portions: 8

Ingrédients:

3	tasses de guimauves coupées
¼	de tasse d'eau
2	c. à tab. de café instantané

Préparation:

1. Mettez dans un bain-marie 2 tasses de guimauves, l'eau et le café; faites chauffer jusqu'à fondu et lisse.
2. Refroidissez parfaitement

2 tasses de crème 35%	puis faites entrer le reste des guimauves et la crème fouettée.
1 abaisse de pâte cuite, de 9 po.	
brisures de chocolat	3. Versez dans l'abaisse cuite.
	4. Garnissez de brisures de chocolat.

DESSERT AUX BLEUETS

Portions: 6 à 8
Cuisson: 45 min.

Ingrédients:

2 tasses de farine d'avoine
1 tasse de farine t.u.
1 tasse de cassonade
¾ de tasse de beurre fondu
2 tasses de bleuets
1 c. à tab. de farine
½ tasse de sucre
2 c. à tab. de jus de citron
sel
¾ de tasse d'eau

crème fouettée ou crème glacée

Préparation:

1. Faites le mélange de la farine d'avoine, de la farine t.u. et de la cassonade.
2. Ajoutez le beurre fondu, mêlez parfaitement.
3. Placez le mélange dans le fond d'un moule de 8 po. carré.
4. Réservez ½ tasse de mélange pour le dessus.
5. Dans une casserole, mettez les bleuets, la farine, le sucre, le jus de citron et le sel.
6. Faites bouillir 5 min.
7. Enlevez du feu et versez sur le mélange dans le moule.
8. Saupoudrez la ½ tasse gardée à cet effet.
9. Placez au four à 350°F., 45 min. environ.

Remarques:
Vous pouvez servir garni de crème fouettée ou de crème glacée. Si vous utilisez des bleuets en conserve, vous devez utiliser le liquide de la boîte au lieu de l'eau.

GÂTEAU À LA RHUBARBE

Portions: 8 à 10
Cuisson: 30 à 35 min.

Ingrédients:

2   tasses de farine t.u.
1   c. à t. de soda à pâte
½   tasse de beurre
1½ tasse de cassonade
1   oeuf
1   tasse de lait
1½ tasse de rhubarbe
    coupée
½   tasse de sucre
1   c. à t. de cannelle

Préparation:

1. Tamisez la farine, mesurez, ajoutez le soda.
2. Crémez le beurre, ajoutez graduellement la cassonade et l'oeuf, battez bien.
3. Incorporez le mélange farine en alternant avec le lait.
4. Incorporez la rhubarbe.
5. Versez la préparation dans un plat graissé de 9 po.
6. Saupoudrez de sucre blanc et de canelle.
7. Faites cuire au four à 350°F., environ 30 à 35 min.

GÂTEAU D'ÉTÉ

Portions: 8 à 10
Cuisson: 35 à 45 min.

Ingrédients:

2   tasses de farine t.u.
1   c. à tab. de poudre à
    pâte
1   c. à t. de sel
½   tasse plus 2 c. à tab. de
    beurre
1   tasse de sucre
1   oeuf
1   tasse de lait
½   tasse de cassonade
2   c. à t. de cannelle
½   tasse de noix de coco
½   tasse de noix de
    Grenoble

Préparation:

1. Tamisez la farine, mesurez, ajoutez la poudre à pâte et le sel.
2. Crémez le gras, ajoutez graduellement le sucre et l'oeuf.
3. Ajoutez la farine en alternant avec le lait.
4. Versez dans un moule 8 x 13. Faites le mélange de la cassonade, de la cannelle, de la noix de coco et des noix.
5. Saupoudrez sur le mélange dans le moule.
6. Faites cuire au four à 350°F., 35 à 45 min.

Portions: 6
Cuisson: 10 min.

Ingrédients:

1   lb. de fraises
1¼ tasse de sucre à glacer
    jus de 1 citron
2   tasses de lait
¾   de tasse de sucre
3   jaunes d'oeufs
1   c. à t. de vanille

1   lb. de fraises
2   c. à tab. de sucre
2   c. à tab. de Cognac

1   tasse de crème 35%
2   c. à tab. de sucre
    fraises
    sirop de fraise

Préparation:

1. Lavez, équeutez et mettez les fraises dans le mélangeur électrique, ajoutez le sucre et le jus de citron.
2. Mettez au congélateur et faites prendre.
3. Chauffez le lait au bain-marie.
4. Battez les jaunes avec le sucre; versez le lait sur le mélange et remettez le tout sur le feu.
5. Faites cuire en brassant jusqu'à napper la cuiller; ajoutez la vanille.
6. Refroidissez. Mettez au congélateur.
7. Faites macérer les autres fraises dans le Cognac et le sucre.
8. Fouettez la crème; ajoutez le sucre.
9. Pour servir, mettez au fond de chaque coupe, de la crème aux jaunes d'oeufs, des fraises macérées, un peu du premier mélange, de la glace à la fraise, puis quelques fraises.
10. Terminez en décorant avec des fraises entières et de la crème fouettée.
11. Arrosez d'un sirop de fraise.

Remarque:
le Cognac peut être omis.

125

GÂTEAU DU DIMANCHE

Portions: 10
Cuisson: 35 min.

Ingrédients :

9 **jaunes d'oeufs**
½ **tasse de sucre**
1 **tasse de noisettes**
hachées
¾ **de tasse d'amandes**
hachées
9 **blancs d'oeufs**
¼ **de tasse de sucre**
½ **tasse de cerises**
au marasquin
¾ **de tasse de confiture**
de framboise
crème au beurre moka
noisettes entières

Préparation :

1. Battez les jaunes d'oeufs jusqu'à crémeux; ajoutez ½ tasse de sucre graduellement, battez parfaitement.
2. Incorporez les noisettes et les amandes dans le premier mélange.
3. Battez les blancs, ajoutez graduellement le ¼ de tasse de sucre.
4. Incorporez au premier mélange.
5. Versez dans 3 moules de 8 po. graissés et recouverts d'un papier graissé.
6. Placez au four à 350°F., 30 à 35 min. environ.
7. Démoulez; refroidissez; saupoudrez chaque gâteau de cerises au marasquin.
8. Etendez la confiture de framboise sur les cerises.
9. Décorez de crème au beurre moka (voir Cuisine du Printemps, p. 151) et de noisettes.

MELON AUX FRAISES

Portions: 6
Cuisson: 15 min.

Ingrédients:

3 **melons**
1 **lb de fraises**
2 **tasses de lait**
2 **jaunes d'oeufs**
⅓ **de tasse de sucre**
3 **c. à tab. de farine**
2 **c. à tab. de beurre**

1 **c. à t. de vanille**

Préparation:

1. Lavez et équeutez les fraises.
2. Mettez-les au frais ainsi que les melons.
3. Faites chauffer le lait dans la partie supérieure du bain-marie.
4. Travaillez avec une cuiller en bois, les jaunes et le sucre, jusqu'à ce que le mélange devienne pâle et mousseux.
5. Ajoutez la farine en pluie, puis peu à peu, le lait bouillant.
6. Remettez le tout au bain-marie et faites cuire en brassant jusqu'à épaississement.
7. Enlevez du feu et incorporez le beurre en noisettes; ajoutez la vanille.
8. Refroidissez en brassant de temps à autre, puis placez au réfrigérateur.
9. Au moment de servir, coupez les melons en deux, enlevez les graines, remplissez le creux de chaque demi-fruit de crème et de fraises.
10. Servez le reste de la crème à part.

Remarque:
Vous pouvez remplacer la vanille par du Grand Marnier.

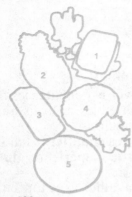

Page 129
1— Suprêmes de poulet avec homard et tomates
2— Dinde en éventail
3— Pommes de terre surprise
4— Salade moulée aux légumes
5— Plateau de canapés

Page 130
1— Salade de betteraves à la norvégienne
2— Homard en Bellevue
3— Filets de sole Florale
4— Daurade niçoise
5— Soufflé de soles
6— Langoustes grillées

Page 131
1— Gaspacho
2— Salade de pommes de terre "gâteau"
3— Dodine de canard
4— Petites boulettes de porc
5— Sauce
6— Sardines

Page 132
1— Gâteau moka à l'abricot
2— Riz aux cerises
3— Glace panachée aux fraises
4— Tartelettes aux fruits
5— Délice au chocolat

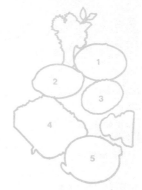

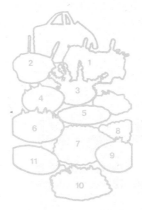

MOUSSE TANGERINE

Portions: 6

Cuisson: 10 à 12 min.

Ingrédients:

1 **enveloppe de gélatine**
2 **c. à tab. d'eau froide**
½ **tasse d'eau**
¼ **de tasse de sucre sel**
6 **on. de concentré de tangerine congelé**
1 **tasse de crème 35%**
1 **tangerine en sections**

Préparation:

1. Gonflez la gélatine à l'eau froide.
2. Chauffez ½ tasse d'eau avec le sucre et le sel.
3. Retirez du feu, ajoutez la gélatine, brassez pour dissoudre.
4. Ajoutez le concentré, mêlez parfaitement.
5. Refroidissez jusqu'à demi-pris.
6. Fouettez la crème et incorporez-la dans le mélange.
7. Versez dans un moule huilé de 4 tasses.
8. Refroidissez parfaitement.
9. Démoulez; garnissez de sections de tangerine.
10. Servez avec la sauce tangerine-orange.

Sauce tangerine-orange

2 **c. à t. de fécule de maïs**
½ **tasse de sucre sel**
1 **tasse de jus d'orange**
2 **tangerines en sections**

1. Chauffez le jus d'orange avec le sucre et le sel.
2. Ajoutez la fécule de maïs délayée.
3. Brassez jusqu'à épaississement.
4. Refroidissez, ajoutez des sections de tangerines.

ORANGE CHIFFON

Portions: 6
Cuisson: 5 à 8 min.

Ingrédients:

1 lb. de guimauves
¼ de tasse d'eau
2 tasses de jus d'orange (frais ou surgelé)
2 c. à tab. de jus de citron
2 blancs d'oeufs
2 c. à tab. de sucre

Préparation:

1. Placez la guimauve et l'eau dans la partie supérieure du bain-marie.
2. Chauffez en brassant jusqu'à ce que la guimauve soit fondue.
3. Retirez du feu, ajoutez les jus d'orange et de citron; refroidissez.
4. Battez les blancs ferme; ajoutez le sucre.
5. Incorporez dans le premier mélange.
6. Versez dans les coupes ou dans un compotier.

PÂTE À FRIRE

Ingrédients:

½ tasse de farine t.u.
1 c. à tab. de poudre à pâte
1 c. à t. de sel
2 oeufs
1 tasse de lait

Préparation:

1. Tamisez la farine, mesurez, ajoutez la poudre à pâte et le sel.
2. Battez les oeufs, incorporez le lait.
3. Versez le liquide sur les ingrédients secs.
4. Brassez jusqu'à ce que la pâte soit lisse.

Remarque:
Cette pâte s'emploie pour recouvrir des tranches ou des sections d'aliments: fruits, légumes, fromage, poulet ou autres viandes, foie, poisson, huîtres, etc.

POUDING AUX BANANES

Portions: 6
Cuisson: 30 min.

Ingrédients:

3	jaunes d'oeufs
1½	tasse de lait
¾	de tasse de sucre
2	c. à tab. de farine
1	c. à t. de vanille
½	lb. de biscuit wafers
3	bananes tranchées
3	blancs d'oeufs
⅓	de tasse de sucre

Préparation:

1. Chauffez le lait dans la partie supérieure du bain-marie.
2. Brassez les jaunes avec le sucre puis la farine.
3. Versez le lait chaud; remettez le tout au bain-marie et faites cuire en brassant jusqu'à épaississement; ajoutez la vanille.
4. Refroidissez.
5. Placez dans un plat pyrex un rang de biscuits, un rang de bananes.
6. Versez la cossetarde dessus.
7. Battez les blancs; ajoutez graduellement le sucre.
8. Étendez sur le pouding.
9. Placez au four à 350°F. jusqu'à ce qu'il soit doré.

NUAGES AUX FRAISES AVEC SAUCE

Portions: 10 à 12 tasses
Sauce: 2 tasses
Cuisson: 5 min.

Ingrédients:

2	tasses de fraises
½	tasse de sucre
	sel
2	enveloppes de gélatine
3	c. à tab. d'eau froide
4	jaunes d'oeufs
½	tasse d'eau

Préparation:

1. Faites le mélange des fraises et du sucre; laissez reposer environ 12 heures. Égouttez et réservez le jus.
2. Gonflez la gélatine dans l'eau froide.
3. Mettez les jaunes d'oeufs,

¼	**de tasse de sucre**
¼	**de tasse de Cointreau**
1	**c. à tab. de jus de citron**
4	**blancs d'oeufs**
¼	**de tasse de sucre**
1	**tasse de crème 35%**

l'eau, le ¼ de tasse de sucre, le sel et le jus de fraises dans la partie supérieure d'un bain-marie.

4. Faites cuire en brassant constamment, environ 5 min.
5. Retirez du feu; ajoutez la gélatine; brassez pour dissoudre.
6. Ajoutez les fraises, le Cointreau et le jus de citron.
7. Faites refroidir.
8. Battez les blancs ferme; ajoutez graduellement le sucre.
9. Incorporez au mélange refroidi et en dernier lieu ajoutez la crème fouettée.
10. Versez dans un moule de 8 tasses.
11. Faites refroidir.
12. Démoulez et servez avec la sauce aux fraises et garnissez de fraises.

Sauce aux fraises

1½	**tasse de fraises**
⅓	**de tasse de sucre**
1	**c. à tab. de fécule de maïs**
	sel
⅛	**de c. à t. d'épices moulues**
1	**tasse d'eau**
3	**c. à tab. de Cointreau**
1	**c. à t. de zeste de citron**
1	**c. à t. de jus de citron**

1. Tranchez les fraises.
2. Mettez le sucre dans une casserole, ajoutez la fécule, le sel, les épices et l'eau.
3. Amenez à ébullition; faites bouillir 1 minute.
4. Ajoutez les fraises, le Cointreau, le zeste et le jus.
5. Faites refroidir.

PÂTE SUCRÉE

Ingrédients:

4 tasses de farine t.u.
1 tasse de sucre
1 tasse de beurre doux
3 oeufs battus

Préparation:

1. Tamisez la farine, mesurez.
2. Ajoutez le sucre à la farine.
3. Placez le beurre sur le mélange.
4. Travaillez le tout avec 2 couteaux.
5. Ajoutez les oeufs battus; mélangez.
6. Faites refroidir.

POUDING SOLEIL AVEC PÊCHES

Portions: 6
Cuisson: 10 min.

Ingrédients:

2 tasses de lait
¼ de tasse de sucre
¼ de tasse de fécule de maïs
sel
2 jaunes d'oeufs
⅓ de tasse de jus de citron
1 c. à t. de zeste de citron
2 c. à tab. de beurre
½ tasse de pêches égouttées
2 blancs d'oeufs
¼ de tasse de sucre

Préparation:

1. Chauffez le lait au bain-marie.
2. Faites le mélange de la fécule, d'un quart de tasse de sucre et du sel.
3. Versez doucement le lait sur le mélange fécule, brassez.
4. Remettez le tout au bain-marie et faites cuire en brassant jusqu'à épaississement.
5. Battez les jaunes et faites la liaison, cuisez quelques minutes.
6. Enlevez du feu, ajoutez le jus de citron, le zeste et le beurre.
7. Refroidissez; ajoutez les pêches.
8. Battez les blancs, ajoutez graduellement le sucre.

9. Incorporez dans la première préparation refroidie.
10. Versez dans des moules individuels.
11. Refroidissez; démoulez.
12. Servez entouré de pêches.

RIZ AUX CERISES *Photo page 132*

Portions: 8
Cuisson: 1 h

Ingrédients:

2   tasses d'eau
½   tasse de sucre
2   lb. de cerises fraîches dénoyautées
1¼ tasse de riz
    eau bouillante

2   tasses de lait
¾   de tasse de sucre
1   c. à t. de vanille
1   tasse de crème 35
2   c. à table de sucre

Préparation:

1. Chauffez l'eau et le sucre; amenez à ébullition.
2. Ajoutez les cerises et faites-les pocher jusqu'à ce qu'elles deviennent transparentes.
3. Égouttez-les.
4. Faites cuire le riz à l'eau bouillante, 5 à 10 min.
5. Pendant ce temps chauffez le lait avec le sucre et la vanille.
6. Jetez le riz dans le lait et faites cuire à feu très doux sans remuer (25 min.)
7. Lorsque le riz est cuit, laissez-le refroidir.
8. Fouettez la crème, ajoutez le sucre.
9. Faites le mélange du riz, de la crème et de la moitié des cerises.
10. Versez dans un moule beurré.
11. Refroidissez plusieurs heures.
12. Démoulez et décorez avec le reste des cerises.

Remarque:
Vous pouvez utiliser des cerises en conserve, elles sont déjà pochées.

LES GELÉES ET LES CONFITURES

LES GELÉES ET LES CONFITURES

De tous les secrets culinaires qui se transmettent de mère en fille depuis des générations, il y a, dans chaque famille, "la recette de gelée" ou "la recette de confiture" qui est toute spéciale et dont l'odeur, lorsqu'elle cuit, attire dans la cuisine tous les gourmands de la maisonnée.

"Faire les confitures", c'est une tradition que même les citadines ont conservée. Il faut dire qu'elles ont en abondance, au moment de la pleine saison, les fruits qui arrivent à pleins wagons, au temps des fraises, au temps des cerises, au temps des raisins, et elles en profitent avec juste raison.

À la campagne, c'est souvent avec les fruits du jardin, ou même avec les petits fruits des bois cueillis le matin même et qui ont un tel parfum, qu'on emmagasine dans les petits pots les délicieuses confitures qu'on dégustera tout l'hiver et dont on fera même cadeau, avec fierté, à ceux qu'on affectionne.

Vous trouverez, dans "Cuisine d'automne" (p. 204), quelques conseils que nous vous donnons pour réussir vos gelées, et ci-après en voici quelques-uns qui vous permettront de ne pas manquer vos confitures.

CONFITURE DE FRAISES no 1

Ingrédients:

2 **lbs de fraises**
2 **lbs de sucre**
   le jus d'un citron

Préparation:

1. La veille, lavez et équeutez les fraises.
2. Mettez dans un plat un rang de fraises, un rang de sucre.
3. Le lendemain, versez dans une casserole le jus formé par le sucre et les fruits.
4. Amenez à ébullition et laissez cuire jusqu'à épais.

5. Jetez les fraises dans le sirop.
6. Faites cuire quelques minutes, les fraises ne doivent pas se défaire.
7. Ajoutez le jus de citron et donnez encore quelques bouillons.
8. Vérifiez la consistance.
9. Laissez tiédir.
10. Mettez en pots.

CONFITURE DE FRAISES no 2

Cuisson: 12 minutes.

Ingrédients:

4 **tasses de fraises**
5 **tasses de sucre**
½ **tasse de jus de citron**

Préparation:

1. Lavez, égouttez et équeutez les fraises.
2. Placez-les dans une casserole, ajoutez le sucre et laissez reposer 4 heures.
3. Mettez à cuire sur un feu doux, amenez à ébullition et laisser bouillir 10 minutes.
4. Ajoutez le jus de citron et faites bouillir 2 minutes.
5. Laissez reposer un peu, écumez, brassez afin que les fraises se répartissent dans tout le sirop.

GELÉE DE RAISINS

Cuisson: 20 à 25 minutes.

Ingrédients:

4 tasses de jus de raisin
2¼ tasses de sucre
¾ de tasse de jus de lime

Préparation:

1. Amenez à ébullition le jus de raisin.
2. Faites cuire à feu fort 5 minutes.
3. Ajoutez le sucre, le jus de lime.
4. Faites cuire jusqu'à consistance de gelée.
5. Mettez en pots et scellez.

CONFITURE DE RHUBARBE ET DE FRAISES

Cuisson: 20 minutes.

Ingrédients:

2 tasses de rhubarbe coupée (½ po)
2 oranges
1 tasse de raisins épépinés
3 tasses de sucre
4 tasses de fraises
¼ de tasse de noix hachées

Préparation:

1. Faites le mélange de la rhubarbe, des raisins, du sucre, du zeste d'une orange et la pulpe des 2 oranges.
2. Laissez reposer toute la nuit.
3. Le lendemain, placez le mélange dans une casserole, ajoutez les fraises, faites cuire doucement jusqu'à épais.
4. Brassez souvent.
5. Enlevez du feu, ajoutez les noix.
6. Versez dans des pots stérilisés.
7. Scellez.

CONFITURE DE FRAMBOISES

Cuisson: 20 minutes

Ingrédients:

2   **tasses de raisins rouges**
¼   **de tasse d'eau**

1   **tasse de jus de raisin**
8   **tasses de framboises sucre**

Préparation:

1. Placez le raisin et l'eau dans une casserole, amenez à ébullition, laissez bouillir jusqu'à ce que les raisins éclatent, 5 à 8 minutes.
2. Placez dans un coton à fromage et laissez égoutter le jus.
3. Pesez le jus et les framboises, ajoutez même poids en sucre.
4. Amenez à ébullition et laissez mijoter environ 20 minutes ou jusqu'à ce que le mélange tienne à la cuiller.
5. Versez la confiture chaude dans des pots stérilisés, scellez.

COMPOTE DE PASTÈQUE
(melon d'eau)

Ingrédients:

6   **tasses de balles de pastèque**
⅓   **de tasse de sucre**
1   **tasse de sherry**

Préparation:

1. Placez les balles de pastèque dans un bol de cristal.
2. Ajoutez le sucre.
3. Mêlez délicatement.
4. Ajoutez le sherry.
5. Placez au réfrigérateur pour quelques heures.

Remarque:
Vous pouvez mettre moitié balles de pastèque et moitié balles d'ananas.

LES CONFITURES: **définition — fruits confits dans un sirop épais.**

Q. *Y a-t-il une différence entre la compote et les confitures de fruits?*

R. Oui, dans la compote les fruits sont écrasés, tandis qu'ils restent entiers ou en gros morceaux dans les confitures de fruits.

Q. *À quoi est dûe la conservation des confitures et des compotes?*

R. C'est que leur sirop très épais les protège contre les bactéries. Si ces conserves sont de plus, placées dans un endroit sec et froid, elles peuvent se garder très longtemps sans fermentation.

Q. *Comment devons-nous procéder pour réussir des confitures?*

R. Vous devez tenir compte:

   a) de la qualité de sucre contenu dans les fruits et aussi de la quantité de sucre à y ajouter (soit: 1 lb pour 1 lb de fruits, ou ¾ de lb. pour les fruits plus sucrés);

   b) de leur acidité (cette acidité s'oppose au développement des bactéries);

   c) de la présence, plus ou moins grande, de pectine (elle s'y trouve en solution sous forme de liquide mais elle change d'état physique et se transforme en gel, en cours de la cuisson);

   d) du degré de cuisson (important facteur de conservation).

Q. *Quelle est la meilleure manière de faire les confitures de petits fruits?*

R. a) les fraises, les framboises, les groseilles et quelques autres petits fruits sont préparés la veille;

   b) pesez les fruits et le sucre;

   c) lavez les fruits, déposez-les dans un plat en alternant avec le sucre, finissez par le sucre;

   d) laissez reposer toute la nuit; le lendemain faites-les égoutter;

   e) faites bouillir le jus jusqu'à ce qu'il soit épais, mettez-y les fruits;

f) faites bouillir lentement 5 à 8 min. environ;

g) écumez, évitez de brasser;

h) laissez reposer les fruits dans le sirop pour les empêcher de flotter;

i) versez-les dans des bocaux stérilisés;

j) couvrez de paraffine;

k) conservez dans un endroit sec et frais.

Q. Durant la cuisson des confitures devons-nous brasser constamment?

R. Ne brassez pas pour ne pas briser les fruits. Il vaut mieux retirer la casserole du feu quand les confitures ont tendance à trop gonfler.

Q. Est-ce préférable de ne pas faire cuire une grande quantité de confitures à la fois?

R. Faites en petites quantités, les confitures ont toujours un plus bel aspect.

Q. Doit-on jeter des confitures qui ont de la moisissure en surface?

R. Vous pouvez consommer les confitures après en avoir râclé la surface.

Q. Si les confitures ont fermenté, sont-elles encore utilisables?

R. Il faut à ce moment les faire bouillir de nouveau; elles ne peuvent nuire à la santé.

Q. Combien de temps devons-nous cuire les confitures?

R. Les confitures de petits fruits: laissez-les bouillir lentement 5 à 8 min. Les confitures de gros fruits: laissez les bouillir lentement 8 à 12 min.

Q. Est-ce qu'il y a une autre méthode que celle de paraffiner les bocaux pour assurer la conservation des confitures?

R. Versez les confitures bouillantes dans les bocaux stérilisés et chauds. Remplissez jusqu'au bord et fermez immédiatement. Il se forme un vide entre le couvercle et les confitures tandis qu'elles refroidissent et ceci assure une fermeture hermétique.

Q. Pouvez-vous nous guider pour l'achat des fruits et leur préparation?

R. *Les fraises:* Achetez-les bien rouges, brillantes et propres, exemptes d'humidité. Elles se mangent mûres, à point.

Remarques:
N'équeutez pas les fraises avant de les laver. Mettez-les dans une passoire, plongez-les plusieurs fois dans l'eau fraîche sans les laisser tremper et égouttez-les aussitôt.
Arrosez-les de jus de citron, il développera leur parfum.
Dégustez-les nature, avec du sucre ou du vin.

Les framboises: Mûres, elles sont toujours pourpres, plus ou moins foncées et leur parfum est accentué.
Cerises: Choisissez-les fermes et brillantes. La chair ne doit pas être trop dure et la peau ne doit pas être fendillée.

Remarque:
Si leur queue est desséchée, c'est qu'elles sont cueillies depuis trop longtemps.

Q. À quel moment cueille-t-on les fraises et les framboises?
R. Vous vous guidez d'après leur couleur, leur taille et leur parfum. Une framboise qui tache est trop mûre.
Q. Pouvons-nous conserver les petits fruits bien longtemps?
R. Ils doivent être consommés rapidement, toutefois vous pouvez les garder quelques jours dans un endroit parfaitement aéré ou au réfrigérateur.
Q. Conseillez-vous de laver les cerises et les fraises?
R. Ne lavez jamais ni les cerises ni les fraises avant de les ranger. La fraise, très fragile, craint l'eau.
Q. Sur quels critères nous baserons-nous pour l'achat de ces fruits?
R. a) Ne vous précipitez pas sur les primeurs. Ils sont presque toujours hors de prix et rarement aussi savoureux que les fruits de pleine saison.
   b) Ne vous laissez pas séduire à la légère. Sachez reconnaître le degré de qualité et détecter les produits avariés ou trop mûrs.

Les groseilles: Elles doivent être achetées à bonne maturité. Les blanches sont moins acides que les rouges.

Les pêches: D'un parfum agréable, douces au toucher, ni trop dures ni trop molles, la peau est fine et veloutée, elle ne présente ni tache ni gerçure.

Les prunes: Évitez les fruits ridés, trop mous. Elles sont charnues et fraîches, assez tendres et de couleur franche.

Les pommes: Attention aux fruits mous, farineux ou trop mûrs. Elle doit être ferme, d'une belle couleur et sans taches brunes.

Les melons: Un bon melon se reconnaît à son poids, à une certaine souplesse de l'écorce près de la queue et à son parfum.

HOMMAGE AU CIDRE DU QUÉBEC

HOMMAGE AU CIDRE
DU QUÉBEC

Nos ancêtres normands chantaient avec enthousiasme, "Vive le cidre de Normandie", et sans vergogne ils lui attribuaient toutes les qualités; il était, disaient-ils, "bien supérieur au cidre breton", mais ne nous inquiétons pas pour les Bretons, ils savaient se défendre et comme au Québec nous pouvons revendiquer le parrainage des deux, réjouissons-nous-en!

Le cidre est une des plus anciennes boissons connues de l'homme occidental. On y trouve des allusions dans des documents qui remontent au IIe et au IIIe siècle, entre autres dans des textes de St-Jérôme qui parle du "sicera", mot qui est à l'origine du mot "cidre". Déjà connu au Xe siècle, il fut classifié par les grandes abbayes et les monastères du XIIe siècle et ce sont les moines qui nous apprirent qu'un cidre peut être: doux, sec, amer, fruité, alcoolisé, corsé, doré, léger ou un peu égrillard, tranquille, pétillant, mousseux, ils nous disent que le cidre "muet" est le meilleur car il est "à peine mousseux pétillant". Un dicton populaire dit que "les cidres mousseux ne sont pas toujours les plus fameux"... mais les gourmets ne sont pas nécessairement de cet avis.

Au Québec ce sont les premiers colons de Bretagne et de Normandie qui, dès qu'ils eurent quelques pommes à cueillir, s'empressèrent d'en extraire leur boisson traditionnelle. Ils constatèrent que le climat du Québec convenait parfaitement, car les variations de température développaient dans les pommes les caractéristiques qui donnent le meilleur cidre. Pendant longtemps l'habitant qui avait un verger faisait son cidre et vendait même son surplus à de petits étals le long de la route car la vente était alors permise. Ce n'est qu'en 1920, lorsque fut créée la "Commission des liqueurs", comme on l'appelait alors, que la vente du cidre fut interdite. Elle servit alors de leitmotiv à chaque campagne électorale mais ce n'est que tout récemment qu'elle fut légalisée. Les pommiculteurs, qui avaient à leur tête cet infatigable travailleur, cet homme d'une volonté indomptable, cet apôtre fervent du cidre de qualité, Fernand Dufour, le doyen des fabricants de cidre au Québec, finirent par obtenir gain de cause et grâce à leur persévérance nous pouvons aujourd'hui fêter les événements heureux avec le jus des pommes de chez nous.

CARRÉS DE BOEUF AUX POMMES ET AU CIDRE

Portions: 8
Cuisson: 1 h.

Ingrédients:

   beurre et huile
1 oignon haché
2 lb. de boeuf haché
1 tasse de mie de pain
1 oeuf
½ tasse de cidre sec
   sel, poivre
   fines herbes
8 on. de fromage coupé
   en bâtonnets
2 c. à tab. de gelée de
   pommes

Préparation:

1. Chauffez le beurre et l'huile, faites revenir l'oignon.
2. Ajoutez-le à la viande hachée, ainsi que l'oeuf, le cidre, le sel, le poivre et les fines herbes.
3. Placez la moitié du mélange dans un plat de 9 po. carrés allant au four; placez les bâtonnets de fromage dessus et recouvrez avec le reste de la viande.
4. Mettez au four à 375°F., 45 min.
5. Étendez la gelée de pommes.
6. Remettez au four 15 min.
7. Coupez en carrés et servez.

Remarque:
Vous pouvez faire un mélange de boeuf, de porc et de veau.

COCKTAIL FERNAND DUFOUR

Ingrédients:

6 on. de jus de tangerine ou de citron, concentré, surgelé
1½ tasse d'eau
6 on. de jus de limonade concentré, surgelé
6 on. de jus d'orange, concentré, surgelé
1 tasse de sirop d'abricot
4½ tasses d'eau
6 on. de Grand Marnier

fraises fraîches ou surgelées
2 bouteilles de cidre refroidi Fernand Dufour, Grande Réserve

Préparation:

1. Le jour précédent, faites le mélange du jus de tangerine ou de citron avec 1½ tasse d'eau.
2. Placez-le dans le casier à glace.
3. Faites le mélange de la limonade, de l'orange et du sirop d'abricot avec 4½ tasses d'eau.
4. Videz dans le bol à punch; ajoutez le Grand Marnier, les cubes de tangerines et un casier de cubes de glace.
5. Versez les jus, les fraises tranchées et en dernier le cidre Fernand Dufour, Grande Réserve.

Remarque:
Si vous ne pouvez pas faire surgeler la tangerine ou le citron en cubes, mettez-les simplement avec les autres jus.

DESSERT QUI PÉTILLE

Portions: 8
Cuisson: 5 min.

Ingrédients:

2 c. à tab. de gélatine
4 tasses de cidre pétillant
½ tasse de sucre
2 pommes tranchées
2 blancs d'oeufs
pommes pour la garniture

Préparation:

1. Gonflez la gélatine dans ⅓ de tasse de cidre.
2. Chauffez le reste du cidre avec le sucre, jusqu'à ébullition.
3. Retirez du feu, ajoutez la

gélatine, brassez pour dissoudre.

4. Refroidissez jusqu'à demi-pris.
5. Versez la moitié du mélange dans un moule huilé.
6. Placez les fruits sur la première préparation.
7. Fouettez le reste de la gélatine.
8. Incorporez les blancs d'oeufs battus.
9. Versez sur les fruits.
10. Refroidissez.
11. Démoulez.
12. Décorez de pommes et servez avec une crème anglaise (voir p. 122).

Remarque:
Pour que les pommes ne jaunissent pas lorsqu'elles sont coupées, arrosez-les de jus de citron.

FRAISES AU CIDRE

Portions: 6

Ingrédients:

4 tasses de fraises
¾ de tasse de sucre fin
cidre mousseux pour couvrir
crème Chantilly
feuilles de menthe

Préparation:

1. Saupoudrez les fraises de sucre
2. Macérez les fraises dans le cidre.
3. Couvrez et laissez au réfrigérateur 12 h.
4. Environ 20 min. avant de servir, placez les fraises dans les coupes de cristal.
5. Garnissez de crème Chantilly et de feuilles de menthe.

GÂTEAU AU CIDRE ET AUX ÉPICES

Portions: 12
Cuisson: 30 à 35 min.

Ingrédients:

3 tasses de farine à pâtisserie
1 c. à tab. de poudre à pâte
1 c. à t. de sel
1 c. à t. de cannelle
1 c. à t. de muscade
1 c. à t. de clou
¾ de tasse de graisse
1½ tasse de cassonade
3 oeufs
1 c. à tab. de jus de citron
1 tasse de cidre doux

● ● ●

½ tasse de sucre
sel
3 c. à tab. de fécule de maïs
1 tasse de cidre doux
2 c. à tab. de jus de citron
2 c. à tab. de beurre

● ● ●

½ tasse de beurre
3 c. à tab. de farine
sel
¾ de tasse de cidre doux
3 tasses de sucre à glacer
½ tasse de noix hachées

Préparation:

1. Tamisez la farine, mesurez, ajoutez la poudre à pâte, le sel, la cannelle, la muscade et le clou.
2. Crémez le gras, ajoutez graduellement la cassonade, les oeufs; battez parfaitement.
3. Ajoutez le jus de citron au cidre.
4. Incorporez les ingrédients secs dans le mélange crémeux en alternant avec le cidre.
5. Versez dans 3 assiettes graissées et recouvertes d'un papier graissé.
6. Placez au four à 350°F., 30 à 35 min.
7. Au sortir du four, laissez reposer 10 min. puis renversez sur un grillage pour refroidir.
8. Préparez le remplissage et le glaçage au cidre.

Remplissage au cidre

1. Mettez le sucre, le sel, la fécule de maïs et le cidre dans une casserole; mélangez parfaitement.
2. Faites cuire en brassant constamment jusqu'à épaississement.

3. Retirez du feu, ajoutez le jus de citron et le beurre.
4. Refroidissez.

Glace au cidre
1. Faites fondre le beurre, ajoutez la farine, le sel, faites cuire, ajoutez le cidre.
2. Amenez à ébullition, brassez, cuisez 1 min.
3. Enlevez du feu, ajoutez le sucre à glacer.
4. En dernier ajoutez les noix finement hachées.

Remarque:
Ajoutez le sucre à glacer graduellement, la quantité varie selon la consistance désirée.

POULET À LA BRETONNE

Portions: 8
Cuisson: 40 à 45 min.

Ingrédients:

2 poulets de 4 à 5 lb, coupés en morceaux beurre et huile
1 blanc de poireau en tranches
1 oignon haché
¼ de tasse de cidre sec
½ tasse de crème 35%

Préparation:

1. Chauffez le beurre et l'huile.
2. Faites revenir les morceaux de poulet afin qu'ils soient d'un beau doré de tous les côtés.
3. Ajoutez le blanc du poireau et l'oignon.
4. Couvrez et laissez cuire sur feu doux jusqu'à tendre.
5. Enlevez les morceaux de poulet; disposez-les sur un plat chaud.
6. Ajoutez le cidre au jus et aux légumes de la casserole, puis la crème.
7. Faites bouillir 2 à 3 min.
8. Versez la sauce sur le poulet.

LA MATELOTE NORMANDE

Portions: 4 à 5
Cuisson: 30 min.

Ingrédients:

4 lb. de moules
1 échalote hachée
1 branche de persil
   thym, feuille de laurier
   beurre
   vin blanc sec
1 barbue ou un turbot
¼ de tasse de beurre
4 oignons émincés
1 c. à tab. de persil

½ tasse de cidre sec

   beurre
   farine
   persil
   citron
½ lb de crevettes

Préparation:

1. Mettez dans une casserole beurrée l'échalote hachée, le persil, le thym, la feuille de laurier, le beurre.
2. Placez les moules sur ces aromates.
3. Mouillez de vin blanc sec.
4. Faites cuire vivement, à casserole découverte.
5. Dès que les moules sont bien ouvertes, égouttez-les, retirez la coquille à chacune, réservez.
6. Chauffez le beurre, ajoutez les oignons et le persil; couvrez et laissez mijoter environ une demi-heure.
7. Versez dans un plat creux allant au four, le liquide des moules et les oignons avec leur jus.
8. Posez la barbue ou le turbot dessus et mouillez mi-eau, mi-cidre, pour que le poisson baigne à plus de moitié.
9. Couvrez et faites partir la cuisson sur le feu; placez au four à 425°F., et arrosez souvent.
10. Placez dans le plat de service.
11. Remettez sur le feu, épaississez la sauce avec du beurre manié.
12. Ajoutez du persil haché et le jus de citron.
13. Garnissez avec les moules et les crevettes.

POULET AU CIDRE DU QUÉBEC

Portions: 4
Cuisson: 40 min.

Ingrédients:

1	**poulet de 4 à 5 lb.**
1	**carotte**
1	**blanc de poireau**
2	**échalotes**
	beurre et huile
2	**c. à tab. de Calvados**
¼	**de tasse de cidre sec**
	sel, poivre
1	**branche de thym**
1	**feuille de laurier**
	beurre
½	**lb. de champignons**
3	**jaunes d'oeufs**
½	**tasse de crème 15%**

Préparation:

1. Parez le poulet.
2. Coupez-le en 8 morceaux.
3. Lavez, pelez et émincez la carotte et le poireau.
4. Hachez finement les échalotes.
5. Chauffez le beurre et l'huile, faites revenir les légumes; lorsqu'ils sont blonds, faites sauter les morceaux de poulet.
6. Flambez avec le Calvados.
7. Mouillez avec le cidre, salez, poivrez.
8. Ajoutez le thym, le laurier.
9. Couvrez. Placez au four à 325°F., environ 40 min. ou jusqu'à cuit.
10. Chauffez du beurre et faites revenir les champignons.
11. Versez-les sur le poulet et faites mijoter quelques minutes.
12. Placez les morceaux de poulet dans le plat de service.
13. Laissez réduire la sauce 5 min.
14. Hors du feu, faites la liaison avec les jaunes d'oeufs et la crème.
15. Nappez le poulet.

Remarque:
Vous pouvez omettre le Calvados.

SALADE RAFRAÎCHISSANTE

Portions: 8

Ingrédients:

¼ **de tasse de gélatine aux pommes**
2 **tasses d'eau bouillante**
2 **tasses de cidre sec**
2 **tasses de pommes non pelées, coupées en dés**
¾ **de tasse de noix hachées**
laitue
mayonnaise

Préparation:

1. Faites dissoudre la gélatine aux pommes à l'eau bouillante.
2. Brassez pour dissoudre.
3. Ajoutez le cidre, laissez refroidir à demi-pris.
4. Incorporez les pommes et les noix.
5. Versez dans 6 ou 8 petits moules huilés.
6. Démoulez sur de la laitue et servez avec de la mayonnaise.

Remarque:
Cette salade peut se servir comme dessert; vous pouvez alors ajouter de la crème fouettée.

SALSIFIS À LA NORMANDE

Portions: 6
Cuisson: 45 min.

Ingrédients:

2 **lb. de salsifis**
1 **oignon haché**
2 **c. à tab. de beurre**
2 **c. à tab. de farine**
½ **tasse de cidre sec**
sel, poivre
muscade
½ **tasse de crème 15%**
1 **c. à t. de jus de citron**

Préparation:

1. Pelez les salsifis, tranchez les extrémités; coupez-les en tronçons de 2 po.
2. Faites-les cuire à l'eau bouillante salée et vinaigrée pendant 45 min.
3. Égouttez-les et tenez-les au chaud.
4. Chauffez le beurre, faites

revenir les oignons, ajoutez
la farine et faites cuire.

5. Ajoutez le cidre; brassez
jusqu'à épaississement.

6. Salez, poivrez, ajoutez une
pincée de muscade, la crème
et le jus de citron.

7. Versez la sauce sur les salsifis
et servez aussitôt.

TARTE AU CIDRE

Portions: 6
Cuisson: 60 min.

Ingrédients:

1 tasse de cidre doux
1 tasse de sucre
4 pommes tranchées
**1 c. à tab. de jus de
citron**
1 c. à tab. de beurre
1 c. à t. de vanille
**2 c. à tab. de fécule de
maïs délayée.**

2 abaisses

Préparation:

1. Chauffez le cidre et le sucre
au point d'ébullition.

2. Ajoutez les pommes.

3. Faites cuire jusqu'à ce que
les pommes soient tendres.

4. Enlevez les pommes, ajoutez
au sirop le jus de citron, le
beurre, la vanille, en dernier
la fécule de maïs délayée.

5. Faites refroidir.

6. Remplissez l'abaisse de
pommes, versez la sauce
dessus.

7. Recouvrez d'une deuxième
abaisse.

8. Placez-la au four à 425°F.,
pour 10 min. Réduisez la
température à 375°F.,
jusqu'à ce qu'elle soit dorée.

LE CIDRE —

Q. Pourquoi le cidre est-il recommandé pour les personnes qui souffrent de la goutte ou du rhumatisme?

R. Parce qu'il contient de l'acide, un diurétique puissant qui stimule la fonction renale et empêche l'accumulation d'acide urique dans le système. De plus, les gens qui boivent du cidre régulièrement souffrent rarement de pierre à la vésicule ou aux reins, ou d'autres troubles du genre.

Q. Est-ce que le processus de fermentation du cidre détruit les vitamines naturelles contenues dans le jus de pommes frais?

R. Non. Les vitamines A et C qui, par contre, sont éliminées par la majorité des procédés utilisés dans la fabrication commerciale du jus de pommes ne sont pas détruites par la fermentation.

Q. Vous dites que le cidre se prend en toutes occasions, doit-on le servir glacé?

R. On le sert froid, mais non glacé car il perd alors de sa saveur.

Q. Quels sont les verres les plus appropriés pour servir le cidre?

R. Il vaut mieux le servir dans des flutes à champagne ou de longs verres en forme de cône et non pas dans les larges coupes qui laissent évaporer les bulles plus rapidement.

Q. Pourquoi dites-vous que le cidre est tonifiant?

R. Il est considéré comme boisson particulièrement saine pour les personnes qui souffrent de certains troubles digestifs. Cette boisson carbonisée aide la digestion.

Q. Quand peut-on servir le cidre?

R. On peut servir le cidre: 1. dans des cocktails; 2. comme apéritif avec des amuse-gueules; 3. tout le long du repas.

Q. Quels sont les plats dont le cidre rehausse la saveur à la cuisson?

R. De façon générale on peut utiliser le cidre dans toute recette qui demande du vin blanc. Les mousseux perdent rapidement leur pétillant dans la cuisson et donnent les mêmes résultats dans les sauces et apprêts qu'un vin ordinaire.

Q. *Quels sont les aliments qui conviennent tout particulièrement à la cuisson du cidre?*

R. Ce sont les poissons. le porc et le jambon; le poulet et la dinde de même que le veau. Le cidre se marie parfaitement avec les fruits frais.

Nous remercions la Cidrerie Lubec de nous avoir donné certains de ces renseignements.

RECETTES TÉLÉVISÉES

PUNCH À LA CRÈME GLACÉE ET AUX FRAISES

Portions: 12

Ingrédients:

1	lb de fraises surgelées
1	tasse de crème glacée à la vanille
2	tasses de lait
	sel
6	on. de jus d'orange surgelé
1	bouteille de Ginger Ale

Préparation:

1. Écrasez les fraises avec une fourchette.
2. Ajoutez la crème glacée, le lait, le sel et le jus d'orange non dilué.
3. Mêlez parfaitement.
4. Ajoutez le ginger ale.

SOUPE AUX HERBES

Portions: 10
Cuisson: 30 min.

Ingrédients:

1	paquet de cresson
1	tête de laitue
1	tasse de pissenlit ou d'oseille
1	paquet de persil
	cerfeuil
2	pommes de terre
1	oignon haché
5	tasses de bouillon
½	tasse de crème 15%
	sel, poivre
1	c. à tab. de ciboulette

Préparation:

1. Faites cuire le cresson, la laitue, le pissenlit ou l'oseille, le persil et le cerfeuil dans un peu d'eau bouillante salée jusqu'à ce qu'ils soient tendres.
2. Faites cuire les pommes de terre et l'oignon dans le bouillon.
3. Passez le tout au blender.
4. Ajoutez la crème.
5. Vérifiez l'assaisonnement.
6. Ajoutez la ciboulette.
7. Servez immédiatement.

Remarque:
Vous mettez la crème juste au moment de servir.

PUNCH À LA RHUBARBE

Portions: 8 à 10
Cuisson: 10 à 12 min.

Ingrédients:

2 tasses de rhubarbe
   coupée en demi-pouces
1 tasse de sucre
½ tasse d'eau
1 tasse de jus d'ananas
¼ de tasse de jus de
   citron
1 bouteille de Ginger
   Ale
   quelques gouttes de
   colorant rouge

Préparation:

1. Placez dans une casserole la rhubarbe, le sucre et l'eau; faites cuire jusqu'à ce que la rhubarbe soit tendre.
2. Égouttez.
3. Ajoutez les jus, quelques gouttes de colorant rouge.
4. Refroidissez.
5. Au moment de servir, ajoutez le Ginger Ale.
6. Servez sur des cubes de glace.

FILETS DE POISSON DANS LA CRÈME SURE

Portions: 6
Cuisson: 30 à 40 min.

Ingrédients:

   beurre
2 lb. de filets
   sel, poivre
½ c. à t. de sauce
   Tabasco
   paprika
¼ de tasse de fromage
   Parmesan
1 tasse de crème sure
½ tasse de mie de pain
   beurre
   tranches de citron
   persil

Préparation:

1. Beurrez un plat pyrex de 8 x 12.
2. Placez-y les filets.
3. Faites le mélange du sel, du poivre, de la sauce Tabasco, du paprika et du Parmesan avec la crème sure.
4. Versez ce mélange sur le poisson.
5. Parsemez la mie de pain de noisettes de beurre.
6. Placez au four à 350°F., 30 à 40 min.
7. Servez avec des tranches de citron et du persil.

SOUPE FROIDE AUX TOMATES

Portions: 6
Cuisson: 5 min.

Ingrédients:

12 tomates mûres
1 oignon coupé
sel, poivre

⅓ de tasse de
mayonnaise
1 c. à t. de poudre de
cari
2 c. à tab. de persil
haché
1 c. à t. de jus de citron

Préparation:

1. Blanchissez les tomates.
2. Coupez-les en morceaux et passez-les au blender avec les oignons.
3. Salez, poivrez, mélangez parfaitement.
4. Refroidissez dans la soupière ou dans les bols à soupe.
5. Faites le mélange de la mayonnaise, de la poudre de cari, du persil haché et du jus de citron.
6. Servez en ajoutant à chaque bol de soupe une cuillerée de mélange mayonnaise, ou servez à part en saucière.

Remarque:
Vous pouvez omettre la poudre de cari. Ajoutez au besoin plus de jus de citron.

TRUITES AUX POMMES

Portions: 6
Cuisson: 20 min.

Ingrédients:

6 truites
lait
farine
sel, poivre
beurre, huile
4 pommes
beurre
citron
persil

Préparation:

1. Videz et parez les truites; lavez-les, épongez-les soigneusement.
2. Trempez-les dans le lait puis roulez-les dans la farine salée et poivrée.
3. Chauffez le beurre et l'huile, faites cuire les truites doucement, retournez-les à la mi-cuisson.

4. Vous vérifierez qu'un côté est cuit lorsque avec la pointe d'un couteau, il est facile de détacher le filet.
5. Pelez les pommes, évidez-les avec un vide-pommes.
6. Découpez-les en tranches.
7. Chauffez du beurre, faites revenir les tranches de pommes.
8. Placez-les dans un plat allant au four.
9. Disposez les truites sur les pommes et parsemez-les de noisettes de beurre.
10. Faites dorer quelques minutes à four très chaud.
11. Décorez de citron et de persil.

Remarque:
Les truites se cuisent dans un gras chaud, mais sans excès. Les truites ne doivent pas se dessécher mais cuire doucement.

PÉTONCLES SAUTÉS

Portions: 6
Cuisson: 10 min.

Ingrédients:

**2 lb. de pétoncles
farine
sel, poivre
estragon**
½ tasse de beurre
**1 c. à tab. de jus de
citron
sauce tartare (voir
Cuisine du printemps,
p. 90)**

Préparation:

1. Lavez et essuyez les pétoncles.
2. Passez-les dans le mélange farine, sel, poivre et estragon.
3. Chauffez le beurre, ajoutez le jus de citron.
4. Faites cuire les pétoncles en les tournant jusqu'à ce qu'ils soient dorés.
5. Servez avec une sauce tartare.

POISSON AU FOUR.

Portions: 6
Cuisson: 30 min.

Ingrédients:

4   **tasses d'eau**
6   **filets de poisson**
1   **oignon tranché**
1   **feuille de laurier**
1   **branche de céleri**
   sel, poivre
2   **tasses de sauce No 2**
6   **olives tranchées**

½   **tasse de chapelure**
   beurre

Préparation:

1. Mettez dans une casserole: l'eau, l'oignon, la feuille de laurier, la branche de céleri, le sel, le poivre, amenez à ébullition; ajoutez le poisson et laissez mijoter 5 min.
2. Égouttez et coupez les filets en larges morceaux.
3. Ajoutez le poisson et les olives à la sauce.
4. Placez dans 6 plats individuels.
5. Saupoudrez de chapelure et parsemez de noisettes de beurre.
6. Placez au four à 325°F., 20 à 25 min.

BIFTECK AUX PIMENTS VERTS

Portions: 6
Cuisson: 25 min.

Ingrédients:

1½ **lb. de boeuf dans la surlonge ou de haut de ronde**
   beurre et huile
1   **oignon haché finement**
1   **gousse d'ail**
3   **piments verts taillés en bâtonnets**
1½ **tasse de céleri taillé en biseaux**
1¼ **tasse de bouillon**

Préparation:

1. Taillez le boeuf en languettes minces.
2. Chauffez le beurre et l'huile, faites dorer le boeuf.
3. Ajoutez l'oignon, l'ail, les piments verts, le céleri, faites cuire quelques minutes.
4. Ajoutez le bouillon, couvrez et faites cuire sur un feu doux 15 min., ou jusqu'à ce que les légumes soient tendres.

2 c. à tab. de fécule de
maïs
¼ de tasse d'eau
1 c. à tab. de sauce Soya

5. Délayez la fécule de maïs dans l'eau.
6. Ajoutez la première préparation ainsi que la sauce Soya.
7. Faites cuire quelques minutes en brassant jusqu'à ce que le mélange épaississe et soit très chaud; vérifiez l'assaisonnement.
8. Servez immédiatement.

Remarque:
Ce mets se sert très bien avec du riz.

COEUR DE VEAU BRAISÉ

Portions: 4
Cuisson:1½ à 2 h.

Ingrédients:

2 coeurs de veau
¼ de tasse de pain coupé en dés
1 c. à tab. d'oignon
2 c. à tab. de jambon cuit
1 c. à t. de persil
½ c. à t. de zeste de citron
sel, poivre
1 oeuf

farine salée, poivrée
beurre et huile
1 tasse de lait et
1 tasse d'eau ou
2 tasses de crème 15%

Préparation:

1. Coupez les tendons intérieurs et extérieurs.
2. Lavez le coeur à l'eau tiède vinaigrée et farcissez-le avec la farce suivante.
3. Mélangez le pain, l'oignon, le jambon, le persil, le zeste de citron, le sel et le poivre.
4. Liez le tout avec l'oeuf.
5. Cousez le coeur pour y retenir la farce.
6. Passez-le dans la farine assaisonnée.
7. Chauffez le beurre et l'huile et faites revenir le coeur.
8. Lorsque bien doré, ajoutez le lait et l'eau ou la crème.
9. Couvrez. Placez au four à 375°F., 1½ à 2 h.

POULET SURPRISE

Portions: 6
Cuisson: 1 h.

Ingrédients:

6 suprêmes de poulet
2 tasses de crème sure
3 tasses de miettes de
biscuits au fromage
sel, poivre
une pincée de sel de
céleri.

Préparation:

1. Passez les suprêmes de poulet dans la crème sure et ensuite dans les miettes de biscuits.
2. Salez, poivrez et ajoutez une pincée de sel de céleri.
3. Placez le poulet sur une feuille de papier aluminium déposé sur une tôle.
4. Faites cuire au four à 375°F., environ 1 h.

Remarque:
Vous pouvez aussi bien utiliser les cuisses de poulet que les suprêmes.

CÔTES DE PORC AUX FRUITS ET LÉGUMES *Photo page 133*

Portions: 6
Cuisson: 1½ h.

Ingrédients:

6 à 8 carottes
beurre et huile
6 côtes de porc
sel, poivre
2 bananes
2 oranges
6 cerises coupées

Préparation:

1. Parez les carottes, coupez-les en bâtonnets.
2. Faites-les cuire à l'eau bouillante salée.
3. Chauffez le beurre et l'huile; faites dorer les côtes de porc des deux côtés, salez, poivrez. Placez au four à 400°F., jusqu'à parfaite cuisson.
4. Épluchez les bananes, coupez-les en cubes.

5. Passez-les au beurre, ajoutez les cerises.
6. Coupez les oranges en tranches.
7. Dressez les côtes de porc sur le plat de service.
8. Placez les carottes au milieu.
9. Dans la poêle de cuisson, mettez les rondelles d'oranges et faites- les chauffer de chaque côté.
10. Placez une rondelle d'orange sur chaque côtes; arrosez avec le jus de cuisson; terminez en posant dessus une cuillerée de fruits.

ÉPINARDS MARGUERITE   *Photo page 134*

Portions: 6
Cuisson: 10 min.

Ingrédients:

2 lb. d'épinards
⅓ de tasse de beurre
6 tranches de jambon
2 oeufs cuits durs
   sel, poivre
   croûtons de pain taillés en triangles

Préparation:

1. Parez, lavez les épinards.
2. Placez-les dans une casserole et faites-les cuire quelques minutes.
3. Extrayez l'eau parfaitement; hachez-les et mettez-les à rissoler dans le beurre; salez, poivrez.
4. Dressez les épinards sur un plat chaud.
5. Garnissez de blancs d'oeufs taillés en pétales, mettez le jaune d'oeuf au centre.
6. Disposez les tranches de jambon roulé entre les blancs d'oeufs.
7. Garnissez avec les croûtons.

GRATIN DE TOMATES

Portions: 6
Cuisson: 20 min.

Ingrédients:

6   tomates tranchées
    beurre
2   échalotes
¼   de tasse de Gruyère
    râpé
    panure
    sel, poivre
    persil haché
    beurre

Préparation:

1. Blanchissez les tomates; re-froidissez-les et pelez-les.
2. Beurrez un plat allant au four, déposez la moitié des tomates.
3. Hachez les échalotes, mélan-gez-les avec le fromage et la panure; salez, poivrez.
4. Versez le mélange sur les tomates; recouvrez de l'autre partie des tomates.
5. Parsemez de persil haché et de quelques noisettes de beurre.
6. Faites cuire au four à 350°F., 15 à 20 min.
7. Servez dans le plat de cuisson.

POMMES DE TERRE SURPRISE   *Photo page 129*

Portions: 6
Cuisson: 40 min.

Ingrédients:

6   grosses pommes de
    terre
    beurre, huile
1   oignon haché
2   tasses de viande cuite
1   oeuf
2   c. à tab. de farine
2   tomates coupées
2   piments verts, coupés
    sel, poivre
    muscade
    beurre fondu

Préparation:

1. Faites cuire les pommes de terre sans les peler, à l'eau bouillante salée, 15 min.
2. Chauffez le beurre et l'huile, faites revenir l'oignon.
3. Faites le mélange de la viande, de l'oignon revenu, de l'oeuf, de la farine, des tomates, des piments, du sel, du poivre et de la muscade.
4. Enlevez une tranche aux

pommes de terre, creusez-les, remplissez-les de la farce.
5. Arrosez de beurre fondu.
6. Placez au four à 400°F., 25 à 30 min.

TOMATES À MA FAÇON

Portions: 6
Cuisson: 3 min.

Ingrédients:

6 tomates
sel, poivre
¾ de tasse de mayonnaise
1 c. à tab. de ciboulette hachée
1 c. à tab. de persil haché
1 c. à tab. de cerfeuil haché

Préparation:

1. Blanchissez les tomates.
2. Passez-les à l'eau froide.
3. Pelez-les, coupez-les en deux.
4. Retirez les graines; salez et poivrez.
5. Ajoutez la ciboulette à la mayonnaise.
6. Placez ce mélange dans un plat creux.
7. Disposez les tomates sur le fond de mayonnaise.
8. Saupoudrez de persil et de cerfeuil hachés.

SALADE À L'INDIENNE

Portions: 6

Ingrédients:

2 concombres
1 Yoghourt
1 oignon haché
1 c. à tab. de vinaigre
2 c. à tab. d'huile
sel, poivre
paprika

Préparation:

1. Pelez les concombres.
2. Coupez-les en tranches minces.
3. Mélangez le Yoghourt, l'oignon haché, le vinaigre, l'huile, le sel, le poivre et le paprika.
4. Au moment de servir, arrosez les concombres de la sauce yoghourt.

SALADE AUX PÊCHES

Portions: 6

Ingrédients:

3 pêches
1 tête de laitue
1 tasse d'olives coupées
2 c. à tab. de mayonnaise
3 on. de fromage à la crème
3 c. à tab. d'amandes hachées
1 c. à t. de paprika

Préparation:

1. Coupez les pêches en deux.
2. Faites le mélange des olives, du fromage à la crème et de la mayonnaise.
3. Remplissez chaque moitié de pêche.
4. Placez les pêches sur un lit de laitue.
5. Saupoudrez d'amandes et de paprika.

SALADE DE MELON

Portions: 4

Ingrédients:

2 c. à tab. de gélatine
¼ de tasse d'eau froide
½ de tasse de sucre
⅔ de tasse de menthe fraîche
1 tasse de jus d'orange
¼ de tasse de jus de citron
sel
1 tasse de balles de melon
feuilles de laitue
mayonnaise

Préparation:

1. Gonflez la gélatine dans l'eau froide.
2. Faites chauffer l'eau et le sucre environ 5 min.
3. Retirez du feu, ajoutez la gélatine gonflée; brassez pour dissoudre.
4. Ajoutez la menthe.
5. Refroidissez.
6. Passez au tamis.
7. Ajoutez les jus d'orange et de citron ainsi que le sel.
8. Refroidissez à demi.
9. Incorporez les balles de melon d'eau.
10. Versez dans des moules huilés individuels.
11. Refroidissez jusqu'à ce qu'ils soient ferme.

12. Démoulez sur des feuilles de laitue.
13. Garnissez de mayonnaise.

SALADE DE JAMBON

Portions: 6

Ingrédients:

1½ tasse de jambon cuit
1 tasse de céleri en dés
½ lb. de fromage à la crème
2 c. à tab. de persil haché
sel, poivre
6 petits piments verts

Préparation:

1. Faites le mélange du jambon et du céleri.
2. Crèmez le fromage, ajoutez le persil, incorporez ce mélange au premier, salez, poivrez.
3. Coupez une tranche sur chacun des piments, enlevez les graines.
4. Remplissez les piments du mélange jambon.
5. Refroidissez parfaitement.
6. Servez avec une vinaigrette ou une mayonnaise.

Remarque:
Vous pouvez substituer le jambon par du veau ou du poisson, etc.

GRANDS-PÈRES AUX BLEUETS

Portions: 8
Cuisson: 10 min.

Ingrédients:

4	tasses de bleuets
¾	de tasse de sucre
¾	de tasse de cassonade
¼	de c. à t. de gingembre
¼	de c. à t. de cannelle
1	tasse d'eau

Pâte

2	tasses de farine
1	pincée de sel
2	c. à tab. de poudre à pâte
⅓	de tasse de beurre froid
¾	de tasse de lait

Préparation:

1. Placez dans une casserole les bleuets, le sucre, la cassonade, le gingembre, la cannelle et l'eau.
2. Faites bouillir 3 min.

1. Tamisez la farine, mesurez, ajoutez la poudre à pâte et le sel.
2. À l'aide de 2 couteaux, incorporez le beurre, brisez le mélange en grumeaux.
3. Ajoutez le lait promptement en manipulant le moins possible.
4. Laissez tomber la pâte par petites cuillerées dans le sirop de bleuets bouillant (sans les tasser).
5. Couvrez la casserole et faites cuire 10 min. sans découvrir.

CRÈME À LA RHUBARBE

Portions: 6 à 8
Cuisson: 45 min.

Ingrédients:

	biscuits à la vanille ou reste de gâteau
1	lb. de rhubarbe
½	tasse de sucre
2	oeufs
¼	de tasse de sucre
	sel
1	tasse de lait

Préparation:

1. Tapissez de biscuits ou de gâteau tranché mince, le fond et les côtés d'un plat pyrex.
2. Lavez et coupez la rhubarbe en morceaux d'un pouce.
3. Placez la rhubarbe sur les biscuits ou les gâteaux en

1 c. à tab. de jus de
citron
½ c. à t. de zeste de
citron

crème fouettée

alternant avec ½ tasse de
sucre.

4. Battez les oeufs, ajoutez ¼
de tasse de sucre, le sel, le
lait, le jus et le zeste de
citron.
5. Versez ce mélange sur la
rhubarbe.
6. Faites cuire au bain-marie,
au four, à 375°F., e .ren 45
min.

Remarque:
Vous pouvez servir avec de la
crème fouettée.

POUDING À LA FRAMBOISE

Portions: 8

Ingrédients:

4 tasses de framboises
½ tasse de sucre
1 c. à t. de jus de citron
10 tranches minces de
pain blanc
beurre
1 tasse de crème 35%

Préparation:

1. Placez les framboises et le
sucre dans une casserole,
mêlez parfaitement, amenez
à ébullition.
2. Retirez du feu, ajoutez le jus
de citron.
3. Beurrez les tranches de pain.
4. Placez des tranches de pain
dans le fond d'un plat de
pyrex.
5. Versez autant de sirop de
framboises que le pain en
absorbera.
6. Faites d'autres rangs de la
même façon jusqu'à épuise-
ment du pain et du sirop.
7. Placez au réfrigérateur pour
plusieurs heures.
8. Garnissez de crème fouettée
et de framboises.

Remarque:
Vous pouvez ajouter du sucre au
goût. Utilisez des framboises
fraîches ou surgelées.

SHORTCAKE AUX FRAISES

Portions: 8 à 10
Cuisson: 20 à 25 min.

Ingrédients:

2	tasses de farine t.u.
2	c. à tab. de sucre
½	c. à t. de sel
4	c. à t. de poudre à pâte
¼	de tasse de graisse
1	oeuf
⅔	de tasse de lait
	beurre
2	tasses de crème 35%
3	tasses de fraises

Préparation:

1. Tamisez la farine, mesurez, ajoutez le sucre, le sel, la poudre à pâte.
2. Incorporez le gras jusqu'à ce qu'il soit parfaitement mélangé
3. Battez l'oeuf, ajoutez-le au lait, versez dans le mélange de manière à obtenir une pâte molle.
4. Renversez la pâte sur une planche enfarinée; formez un gâteau rond d'environ 1 po. d'épaisseur.
5. Placez dans un moule à gâteau légèrement graissé ou sur une tôle, faites cuire au four à 450°F., 20 à 25 min.
6. Séparez en deux et beurrez pendant que le gâteau est encore chaud; faites refroidir.
7. Mettez de la crème fouettée et des fraises entre les deux épaisseurs et sur le dessus.

Remarque:
Vous pouvez faire un shortcake en utilisant un gâteau au beurre.

LA CUISINE EN PLEIN AIR

LA CUISINE EN PLEIN AIR

La cuisine en plein air n'est pas réservée seulement à quelques privilégiés qui ont un chic patio, une jolie terrasse, un beau jardin fleuri, elle est à la portée de tous. Il suffit d'avoir un petit coin de ciel bleu où on peut installer un Barbecue, ou même un simple balcon où l'on met modestement, dans un coin, un Hibachi sur un tabouret, et le tour est joué. Les brochettes que vous offrirez à vos amis auront la même saveur où qu'elles aient été grillées. Ce qui les différenciera de celles du voisin ce sont les aliments qui les composent et les épices et aromates que vous y aurez mis.

Mais d'où vient cette mode de la cuisine en plein air? Sans doute du Paradis terrestre? Notre bonne mère Ève n'avait pas, que je sache, "un beau poêle" pour cuisiner et les repas en capsules n'étaient pas encore inventés. Il fallait bien cuisiner en plein air... et c'est peut-être de là que vient l'impression d'être un peu au paradis quand on mange à la belle étoile?

La mode des Barbecues remonte sans doute beaucoup moins loin car il a fallu inventer tous ces appareils qui en imposent plus ou moins. Et ce mot de "Barbecue", d'où vient-il? D'aucuns disent qu'il nous vient des pirates, ou encore des boucaniers et des flibustiers qui parcouraient les mers pendant de longs mois et fêtaient leur retour à la terre en faisant "boucan". Ils cuisaient, à la broche, des boeufs entiers, bien arrosés d'alcool et les dévoraient "de la barbe à la queue", expression qui s'est déformée au cours des ans pour devenir, en Amérique le "Barbecue".

D'autres prétendent qu'il s'agit du mot espagnol "Barbacoa" qui décrit la charpente au-dessus de laquelle on faisait cuire les viandes à feu ouvert.

Chose certaine c'est que de nos jours il sert à désigner l'appareil sur lequel on fait les grillades et, par extension, le repas lui-même. Il y a une multiplicité d'appareils, tous plus ou moins élaborés, comme il y a une multiplicité de chefs allant du plus fin cordon-bleu au bon vivant qui se coiffe d'une toque et d'un tablier approprié pour en imposer à ses invités. Qu'importe la forme, c'est le contenu qui compte!

Vous trouverez dans les pages qui suivent quelques recettes qui vous mettront en appétit, mais servez-vous surtout de votre imagination pour en mettre au point quelques-unes qui seront bien à vous et qui personnaliseront la réunion amicale ou chacun se régale sans avoir à se préoccuper du surcroit de fatigue imposé à l'hôtesse. Quand on goûte "en plein air" c'est vraiment la simplicité qui sied le mieux et tout le monde peut s'amuser sans arrière pensée, à commencer par la maîtresse de maison.

BOEUF EN CACHETTE

Portions: 6
Cuisson: 1 h.

Ingrédients:

2 **lb. de filet de boeuf**
3 **c. à tab. de sauce Soya**
2 **c. à tab. de vin blanc sec**
3 **c. à tab. d'huile**
1 **piment vert**
24 **petits oignons**
2 **gros cornichons tranchés**
  sel, poivre
6 **papiers d'aluminium**

Préparation:

1. Coupez le boeuf en cubes.
2. Faites le mélange de la sauce Soya, du vin, de l'huile, du sel et du poivre.
3. Ajoutez la viande et faites mariner quelques heures.
4. Coupez le piment en lamelles et faites blanchir ainsi que les oignons.
5. ·Déposez sur le papier aluminium, les cubes de viande, les légumes et les cornichons.
6. Vérifiez l'assaisonnement.
7. Fermez hermétiquement.
8. Placez sur le gril et faites cuire environ 1 h.

Remarque:
Vous pouvez prendre une autre partie du boeuf mais n'utilisez que des parties tendres: surlonge, boston, etc.

BROCHETTES D'AGNEAU

Photo page 136

Portions: 6
Cuisson: 8 à 10 min.

Ingrédients:

12 côtelettes d'agneau
12 tranches de bacon
    moutarde
    thym, laurier
    romarin
    sel et poivre
    huile et beurre
    ail
    persil haché

Préparation:

1. Coupez les côtelettes d'agneau en deux.
2. Enrobez les morceaux de moutarde.
3. Saupoudrez de thym, de laurier, de romarin, salez, poivrez.
4. Enfilez sur brochettes l'agneau et le bacon.
5. Badigeonnez d'huile.
6. Faites griller en tournant durant la cuisson.
7. Servez avec du beurre à l'ail et du persil haché.

BROCHETTES DE FRUITS DE MER

Portions: 6
Cuisson: 10 min.

Ingrédients:

12 scampis
12 pétoncles
½ lb de saumon
½ lb d'aiglefin
18 feuilles de laurier
    sel, poivre
    huile
    jus de citron
    thym

Préparation:

1. Faites cuire les scampis à l'eau bouillante salée, 5 min. et les pétoncles 3 min.
2. Coupez le saumon et l'aiglefin en morceaux.
3. Enfilez successivement sur les brochettes les scampis, les pétoncles, le laurier, le saumon, l'aiglefin, etc.
4. Faites le mélange de l'huile, du jus de citron, du sel, du poivre et du thym.
5. Badigeonnez les brochettes.
6. Faites-les griller environ 10 min. en tournant à mi-cuisson.

Portions: 6

Ingrédients:

1 piment vert
1 piment rouge
5 tranches d'ananas
5 tranches de bacon
12 olives farcies
   huile

Préparation:

1. Coupez les piments en deux, enlevez les graines et sectionnez en gros morceaux.
2. Coupez les tranches de bacon en deux et les tranches d'ananas en quatre.
3. Garnissez les brochettes en alternant le piment vert, l'ananas, le piment rouge, le bacon, les olives, etc.
4. Enduisez le tout d'huile et faites griller pendant cinq minutes de chaque côté.

Portions: 6
Cuisson: 12 à 15 min.

Ingrédients:

6 blancs de poulet
12 tranches de bacon
18 têtes de champignons
2 piments rouges
   feuille de laurier
1 tasse d'huile
¼ de tasse de jus de citron
   sel, poivre
   estragon

Préparation:

1. Coupez le poulet en morceaux.
2. Préparez la marinade avec l'huile, le jus de citron, le sel, le poivre et l'estragon.
3. Marinez les morceaux de poulet au moins 1 heure.
4. Faites revenir les champignons jusqu'à demi cuisson et les quartiers de piments rouges.
5. Préparez les brochettes en alternant les ingrédients que vous séparez par des feuilles de laurier.
6. Placez sur le gril pendant 12 à 15 min.

CHAMPIGNONS AU JAMBON

Portions: 6

Ingrédients:

12	**champignons**
	huile
1	**tasse de jambon haché**
	le jus d'un citron
⅓	**de tasse de beurre**
½	**tasse de persil haché**
	sel, poivre

Préparation:

1. Parez les champignons, enlevez les queues.
2. Badigeonnez les têtes de champignons d'huile.
3. Préparez une farce avec le jambon haché, le beurre, le jus de citron, le persil haché, le sel et le poivre.
4. Remplissez les têtes de champignons.
5. Placez-les sur le gril jusqu'à bien chaud.

CROUSTILLES AU FROMAGE

Portions: 6

Ingrédients:

½	**lb de fromage Gruyère**
	lait
	farine
1	**oeuf**
	chapelure
	sel, poivre
	huile

Préparation:

1. Taillez le fromage en bâtonnets
2. Passez-les dans le lait, puis dans la farine salée, poivrée, et dans l'oeuf battu et la chapelure.
3. Faites dorer en pleine friture.
4. Servez très chaud.

ÉPIS DE MAÏS

Portions: 6

Ingrédients:

6	**épis de maïs**
	beurre
	sel

Préparation:

1. Ne retirez pas les feuilles qui entourent les épis de maïs, enlevez les "soies".

2. Mettez les épis sur le gril et faites cuire en retournant jusqu'à ce que les feuilles commencent à noircir.
3. Retirez-les et piquez des bâtonnets de part et d'autre des épis.
4. Chaque convive tartine son épi de beurre.
5. Salez au goût.

Remarque:
Variations:
Vous pouvez badigeonner avec du beurre ou encore avec du beurre assaisonné aux herbes. Vous pouvez enrouler du bacon autour de l'épi mais refermez-le avec les feuilles. Enfin vous pouvez enlever complètement les feuilles et envelopper dans du papier aluminium.

ENTRECÔTE GRILLÉE

Portions: 6

Ingrédients:

6 entrecôtes
moutarde
huile
poivre concassé
sel

Préparation:

1. Badigeonnez les entrecôtes de moutarde sur les deux faces.
2. Relevez de poivre concassé
3. Arrosez légèrement d'huile
4. Portez sur le gril.
5. Salez en fin de cuisson.

FRUITS EN BROCHETTES

Portions: 6

Ingrédients:

3   pêches
3   bananes
3   pommes
1   ananas
    jus de 1 pamplemousse
    Cointreau
¼ de tasse de miel

Préparation:

1. Pelez les fruits, coupez-les en morceaux.
2. Faites le mélange du jus de pamplemousse, du miel, du Cointreau, et laissez les fruits macérer environ 1 heure.
3. Garnissez les brochettes en alternant les fruits.
4. Faites cuire au gril sur feu très vif, 5 min.
5. Arrosez les brochettes avec la marinade en cours de cuisson.
6. Disposez-les sur un plat chaud et arrosez-les à nouveau avec quelques cuillerées de marinade.

Remarque:
Vous pouvez varier les fruits — remplacer le Cointreau par une autre liqueur fine, ou l'omettre.

HAMBURGERS HAWAIENS

Portions: 6
Cuisson: 15 à 20 min.

Ingrédients:

    beurre et huile
1   oignon baché
2   lb de steak haché
1   oeuf
½ tasse de chapelure
3   c. à tab. de sauce tomate

Préparation:

1. Chauffez le beurre et l'huile, faites revenir les oignons.
2. Ajoutez-les à la viande ainsi que l'oeuf, la chapelure, la sauce tomate, la cassonade, la moutarde, le sel et le poivre.
3. Faites un mélange homo-

2 c. à tab. de cassonade	gène et donnez la forme de 6
1 c. à t. de moutarde	hamburgers.

2 c. à tab. de cassonade
1 c. à t. de moutarde
sel, poivre
6 tranches d'ananas
frais ou en conserve
sauce Barbecue (voir
**Cuisine de Printemps,
p. 87)**

6 petits pains ronds

gène et donnez la forme de 6
hamburgers.
4. Placez sur le gril et faites
cuire environ 8 à 10 min. de
chaque côté ou jusqu'à cuit à
point.
5. Pendant la cuisson, badigeonnez de sauce Barbecue.
6. Faites brunir les tranches
d'ananas en même temps.
7. Placez une rondelle de
viande et une tranche
d'ananas dans chaque pain.
8. Servez immédiatement.

POMMES DE TERRE EN CACHETTE

Portions: 6
Cuisson: 45 min.

Ingrédients:

6 pommes de terre
beurre
sel, poivre

Préparation:

1. Lavez les pommes de terre.
2. Placez-les chacune sur une
feuille de papier aluminium;
emballez-les soigneusement.
3. Places-les sur le gril du
barbecue, laissez cuire environ ¾ d'heure ou jusqu'à
parfaite cuisson.
4. Après cuisson, incisez les
pommes de terre dans leur
emballage, introduisez une
noix de beurre, salez,
poivrez.

Remarque:
Au lieu d'introduire du beurre
après la cuisson, vous pouvez le
remplacer par de la crème sure,
ou encore par de la crème
fraîche additionnée de fines
herbes.

POMMES DE TERRE À L'ÉTOUFFÉE

Portions: 6
Cuisson: 25 à 30 min.

Ingrédients:

6 grosses pommes de terre
6 oeufs
sel, poivre

Préparation:

1. Lavez les pommes de terre.
2. Découpez sur chacune un petit couvercle que vous conservez.
3. Creusez une cavité de la grosseur d'un oeuf.
4. Piquez les pommes de terre avec une brochette qui servira à les maintenir en équilibre dans la braise.
5. Cassez un oeuf dans la cavité de chaque pomme de terre.
6. Assaisonnez et replacez le couvercle.
7. Déposez les pommes de terre dans la braise.
8. Laissez cuire 25 à 30 min.

Remarque:
Vous pouvez envelopper chacune des pommes de terre dans une feuille de papier d'aluminium avant de les déposer dans la braise.

MELON EN PANIER

Photo page 136

Ingrédients:

Variété de melon:
Cantaloupe
au miel,
pastèque,
raisins,
fruits en saison

Préparation:

1. Découpez un melon en sections et placez-le en panier au centre d'un plateau.
2. Remplissez le tour et le centre de balles de melons de différentes couleurs.

3. Vous pouvez ajouter des raisins ou des fruits en saison.
4. Servez avec sauce tropicale ou autres.

SALADE DORÉE

Ingrédients:

1 pamplemousse
2 oranges
4 tranches d'ananas en morceaux
3 mandarines
12 fraises
   chicorée
   endives

Préparation:

1. Pelez le pamplemousse et les oranges.
2. Mettez-les en sections ayant soin d'enlever la membrane blanche.
3. Placez de la chicorée et des endives dans un plat oval.
4. Disposez des rangs de pamplemousse, d'oranges, d'ananas, de mandarines et de fraises.
5. Servez avec une sauce lime.

Sauce lime

1 oeuf
½ tasse de jus de lime
½ tasse de miel
   sel, poivre
1 tasse de crème sure

1. Battez l'oeuf légèrement dans une petite casserole.
2. Ajoutez le jus de lime, le miel, le sel, le poivre.
3. Faites cuire sur un feu doux quelques minutes en brassant constamment.
4. Refroidissez.
5. Incorporez le mélange dans la crème sure.

SALADE D'ÉTÉ

Photo page 136

Ingrédients:

2	tasses d'épinards ou autre verdure
1	tasse de concombre en morceaux
6	radis en rondelles
4	échalotes vertes coupées
½	tasse de crème 15%
2	c. à tab. de jus de citron
	sel, poivre
	persil haché
1	piment en rondelles

Préparation:

1. Dans un grand saladier, mélangez les épinards, les concombres, les échalotes et les radis.
2. Mélangez la crème, le jus de citron, le sel, le poivre.
3. Versez sur la salade.
4. Décorez de piment et de persil haché.
5. Mélangez au moment de servir.

SALADE OEUFS FARCIS ET TOMATES

Photo page 136

Portions: 6

Ingrédients:

6	oeufs cuits durs
	mayonnaise
	ciboulette coupée
	cornichons hachés
	olives hachées
	sel, poivre
	feuilles de laitue
3	tomates
	jus de 1 citron
	persil haché
1	citron

Préparation:

1. Coupez les oeufs dans le sens de la longueur.
2. Retirez délicatement les jaunes des blancs en évitant d'abîmer ces derniers.
3. Ajoutez les jaunes d'oeufs au mélange mayonnaise, ciboulette, cornichons, olives, sel et poivre.
4. Emplissez copieusement les demi-blancs d'oeufs avec le mélange mayonnaise.
5. Lavez et égouttez les feuilles de laitue, mettez-les tout autour d'un grand plat, posez les demi-oeufs farcis dessus.

6. Coupez les tomates en quartiers; disposez au centre du plat et arrosez de jus de citron et d'huile d'olive; salez, poivrez, saupoudrez de persil haché.
7. Au centre, décorez d'un citron dentelé et surmonté d'une olive.

SALADE PLEIN AIR *Photo page 136*

Ingrédients:

1 miche de pain

Salade au choix

olives
cornichons
oignons
piments verts
piments rouges, etc.

Préparation:

1. Enlevez une tranche de dessus la miche.
2. Creusez-la.
3. Remplissez de salade au choix, poulet, homard ou jambon, etc.
4. Remettez le couvercle.
5. Piquez le dessus de brochettes d'olives, de cornichons, d'oignons, de piments rouges, de piments verts, etc.

TOMATES SUR LE GRIL

Portions: 6

Ingrédients:

6 tomates
2 gousses d'ail
thym
persil haché

Préparation:

1. Coupez les tomates en deux, épépinez-les, salez, poivrez.
2. Faites le mélange de l'ail, du thym et du persil.
3. Saupoudrez sur les tomates.
4. Badigeonnez légèrement d'huile.
5. Placez sur le gril.

SALADE DE LAITUE AUX OLIVES

Ingrédients:

1   laitue romaine
2   oeufs durs
¼   de tasse d'olives noires hachées
½   piment vert haché très fin
1   c. à tab. de ciboulette
2   échalotes vertes hachées finement
2   c. à tab. de vinaigre
¼   de tasse d'huile
    sel, poivre
2   c. à t. de paprika
2   c. à t. de moutarde préparée

Préparation:

1. Écrasez les oeufs durs et mettez-les dans le saladier avec les olives, le piment, la ciboulette, les échalotes, le vinaigre, l'huile, le sel, le poivre, le paprika et la moutarde.
2. Placez la laitue sur la sauce au dernier moment.
3. Mélangez parfaitement avant de servir.

TRUITES À L'ESTRAGON   *Photo page 136*

Portions: 6

Ingrédients:

6   truites
    estragon
    beurre
    huile
    sel, poivre

Préparation:

1. Incisez les truites sur le côté.
2. Enduisez l'intérieur d'un peu de beurre.
3. Placez de l'estragon; salez, poivrez.
4. Enveloppez les poissons dans une feuille de papier aluminium huilée.
5. Faites cuire les poissons en papillotes sur le gril.

Remarque:
Remplacez l'estragon par du fenouil en branches, ou encore par du thym; c'est délicieux.

198

STEAK AUX FINES HERBES

Portions: 6

Ingrédients:

6 steaks épais
¼ de tasse de vinaigre
1 tasse d'huile
3 gousses d'ail haché
2 échalotes hachées
½ tasse de fines herbes
hachées
2 feuilles de laurier
sel, poivre

Préparation:

1. Préparez une marinade avec le vinaigre, l'huile, l'ail et l'échalote ainsi que les fines herbes, les feuilles de laurier, le sel et le poivre.
2. Déposez les steaks dans la marinade pendant 1 heure ou 2.
3. Placez-les sur le gril.
4. Arrosez-les de marinade durant la cuisson.

VARIATION DE LÉGUMES

Portions: 6

Ingrédients:

2 concombres
6 tomates
3 oignons
6 carottes cuites
6 morceaux de céleri cuit
sel, poivre
basilic
huile

Préparation:

1. Préparez les légumes; les concombres en fines tranches, les tomates en quartiers, les oignons en rondelles, les carottes en biseaux et le céleri en tronçons.
2. Salez, poivrez, saupoudrez de basilic.
3. Arrosez d'huile et laissez macérer environ 1 heure.
4. Formez 6 récipients avec des feuilles d'aluminium dans lesquelles vous disposez les légumes.
5. Enveloppez parfaitement.
6. Déposez sur le gril et laissez cuire lentement.

Remarque:
Ces légumes accompagnent les viandes, les volailles.

Q. *Combien de minutes faut-il compter pour que le charbon se transforme en braises incandescentes?*

R. Il faut au moins 15 minutes. Ne commencez pas la cuisson avant.

Q. *Pour que les grillades aient une saveur particulière que faut-il faire?*

R. Il est conseillé de jeter sur les braises des herbes séchées: fenouil, laurier, thym, etc.
Les grillades se font sur la braise, quand le charbon est incandescent, jamais dans la fumée.

Q. *Comment traiter le gril avant de commencer la cuisson?*

R. Vous enduisez le gril d'huile et vous le faites chauffer pendant quelques minutes.

Q. *À quelle distance devons-nous placer le gril des braises?*

R. La distance varie suivant le genre de viande. La viande rouge se cuit plus près des braises que le poulet.

Q. *Quels sont les aliments que l'on peut cuire au gril?*

R. **Les viandes en général:** côtelettes d'agneau ou de mouton, de porc, de veau, entrecôtes, tournedos, viandes hachées (style hamburger).
Charcuteries: abats, boudin, saucisses
Poissons: harengs, sardines, plies, soles, truites, darnes, etc.
Volailles: canards, dinde, pigeons, poulet
Légumes: aubergines coupées, céleri, oignons, poivrons, pommes de terre.
Fruits: ananas, bananes, pommes, tomates

Q. *À quel moment devons-nous a) aromatiser les viandes?*
b) assaisonner les viandes?
a) Vous saupoudrez la viahpe de fines herbes lorsqu'elle est à griller.
b) Vous assaisonnez après la cuisson car le sel provoque l'écoulement des sucs de la viande et empêche la formation d'une croûte caramélisée.

Q. *Comment procéder pour cuire tout un repas au Barbecue?*

R. Il est bon de changer de gril dès que le poisson est cuit, afin de commencer aussitôt la cuisson de la viande.

N'attendez pas le refroidissement et le nettoyage du premier gril.

Q. *Pour la cuisson du poisson quel gril devons-nous employer?*

R. Afin de cuire le poisson sans le casser, prévoyez un gril double qui l'enveloppe parfaitement bien.

Q. *Est-ce que le choix des produits pour le Barbecue est bien important?*

R. Vous devez choisir des viandes très tendres, des poissons et des légumes de première qualité.

Q. *Quelles herbes choisir?*

R. C'est affaire de goût personnel, mais vous pouvez utiliser:

a) pour l'agneau: le thym
   pour le boeuf: le romarin, la sarriette
   pour le poisson: le fenouil
   pour le porc: le sauge
   pour le veau: le romarin, le thym
   pour la volaille: les fines herbes

Q. *Qu'est-ce qui détermine le temps de cuisson?*

R. On ne peut donner que des temps approximatifs de cuisson; l'éloignement entre le gril ou la broche, le poids et l'épaisseur de la pièce à cuire, la variété ou la catégorie de viande et le goût de chacun en font varier le temps.

Vous devez vous rappeler que les viandes rouges comportent quatre degrés de cuisson:

a) bleu: seul l'extérieur de la viande est saisi tandis que l'intérieur est presque cru
b) saignant: l'extérieur est d'un brun clair et l'intérieur est rouge vif et le sang perle
c) à point: l'extérieur est plus foncé; l'intérieur est rosé
d) bien cuit: l'extérieur est très foncé et l'intérieur est d'une belle couleur uniformément claire.

Q. *Comment peut-on allumer un feu au charbon de bois?*

R. Il y a plusieurs façons de l'allumer mais il faut toujours être très prudent. On trouve sur le marché du charbon de bois comprimé, des briquettes, du charbon de bois spécial pour les barbecues, etc.

Il est bon de laisser un espace de 3 pouces entre le feu et les aliments.

Si vous éprouvez de la difficulté à allumer votre feu il se vend des produits d'allumage et il est prudent de bien suivre les instructions qui sont données sur le contenant. Il ne faut pas se servir d'essence pour attiser mais plutôt d'un soufflet. Il se vend maintenant un briquet d'allumage qui facilite le travail.

LE BUFFET

LE BUFFET

Qu'il s'agisse d'une grande occasion, mariage, naissance, jubilé, anniversaire, ou qu'il s'agisse de recevoir un groupe d'amis trop nombreux pour les installer autour de la table familiale, le Buffet est la solution de tout repos. Il a le grand avantage qu'il faut le préparer d'avance et quand les invités arrivent, la maîtresse de maison toute pimpante, peut partager leur plaisir.

Tous les plats froids peuvent se servir dans un buffet, il suffit de les bien choisir pour qu'ils se complètent et de les bien présenter pour que le coup d'oeil soit joli et appétissant. La présentation doit être soignée car dans un buffet c'est elle et non le fumet des plats qui ouvre l'appétit!

On peut servir un buffet "chaud" il suffit de choisir des mets qui se servent facilement, qu'on découpe autant que possible d'avance pour ne pas embarrasser les convives qui font le tour de la table avec leur assiette en main.

DAURADE NIÇOISE   *Photo page 130*

Portions: 6
Cuisson: 45 min.

Ingrédients:

2 **daurades**
4 **tasses de réduction de tomate**
1 **tasse de vin blanc sec**
2 **tasses de mie de pain beurre fondu jus de citron**
⅓ **de tasse de câpres persil**

Préparation:

1. Nettoyez les daurades, salez, poivrez.
2. Placez dans un plat beurré.
3. Versez les tomates et le vin sur les poissons.
4. Faites brunir la mie de pain dans le beurre mettez sur les poissons.
5. Arrosez de beurre fondu.
6. Placez au four à 400°F. 45 min. environ.

7. Arrosez tous les 10 min. avec le jus de la casserole.
8. Placez dans le plat de service.
9. Garnissez de câpres, de citron et de persil.

DINDE EN ÉVENTAIL *Photo page 129*

Portions:12

Ingrédients:

1	carotte
1	branche de céleri
1	oignon
4	clous de girofle
	eau froide
	sel, poivre
1	dinde
	foie gras
	persil

Préparation:

1. Dans une grande casserole, préparez le bouillon avec carotte, céleri, oignon, clous de girofle, eau froide. Amenez à ébullition; ajoutez le sel, le poivre et la dinde.
2. Faites cuire en calculant 15 min. par livre ou jusqu'à ce que la dinde soit tendre.
3. Laissez refroidir à demi dans le bouillon.
4. Enlevez du bouillon et désossez avec précaution afin de ne pas briser les suprêmes et la carcasse.
5. Tranchez les surprêmes.
6. Badigeonnez la carcasse de foie gras.
7. Disposez dessus les tranches de dinde en les chevauchant.
8. Placez des os au bout de la dinde et garnissez-la de papillotes et de persil.

Portions: 6
Cuisson: 50 à 60 min.

Ingrédients:

6   artichauts
   sel
6   oeufs
¾   de lb de lard salé en
   cubes
2   c. à tab. de persil
   haché
2   c. à tab. de chapelure
2   c. à tab. de moutarde
   sel, poivre
   beurre

1   laitue
   vinaigrette

Préparation:

1. Faites cuire les artichauts à l'eau bouillante salée, 30 à 40 min.
2. Enlevez les feuilles; retirez le foin, ne conservez que les fonds.
3. Faites cuire 4 oeufs à la coque; écalez-les, laissez refroidir, hachez-les.
4. Faites rissoler le lard.
5. Mélangez les oeufs durs, la moitié du lait, le persil, la chapelure, la moutarde et liez le tout avec les oeufs crus restant; salez, poivrez.
6. Farcissez les fonds d'artichauts de cette préparation.
7. Parsemez de noisettes de beurre.
8. Faites gratiner au four à 400°F., 15 à 18 min.
9. Nettoyez la laitue, coupez-la en lanières.
10. Assaisonnez de vinaigrette.
11. Disposez-la sur le plat de service.
12. Déposez les fonds d'artichauts sur la salade.
13. Décorez de lardons réservés.

Remarque:
Vous pouvez remplacer les lardons par des champignons revenus au beurre.

Portions: 8 à 10
Cuisson: 15 à 20 min.

Ingrédients:

2 **homards**
12 **on. de homard en dés**
1 **oignon haché**
1 **tasse de céleri en dés**
1 **tasse de carottes cuites, coupées en dés**
1 **tasse de petits pois**
6 **coeurs d'artichauts**
 sel, poivre
 mayonnaise

 olives noires

Préparation:

1. Faites cuire les homards à l'eau bouillante salée 15 à 20 min. selon la grosseur.
2. Retirez de l'eau; laissez refroidir.
3. Retournez les sur le dos et sans séparer le coffre de la queue, coupez à l'aide de ciseaux la membrane ventrale de la queue et retirez délicatement la chair contenue à l'intérieur sans la défaire.
4. Coupez-la en médaillons épais légèrement en biais.
5. Faites le mélange de tous les légumes, du homard en dés, salez, poivrez.
6. Ajoutez la mayonnaise.
7. Placez dans un plat de belles feuilles de laitue.
8. Déposez le mélange légumes-homards.
9. Disposez joliment les homards; placez les médaillons, décorez d'olives noires.

Portions: 6
Cuisson: 15 à 20 min.

Ingrédients:

**6 queues de langoustes
beurre fondu
citron
sel, poivre
mie de pain
cresson ou persil**

Préparation:

1. Faites cuire les langoustes 5 min. à l'eau bouillante salée.
2. Retirez du feu, à l'aide de ciseaux, découpez la partie ventrale des langoustes.
3. Retirez la chair.
4. Coupez-la en gros dés.
5. Salez, poivrez, remettez les morceaux de langoustes dans la carapace.
6. Saupoudrez de mie de pain.
7. Arrosez de beurre fondu.
8. Placez au four à 400°F. 10 min. environ.
9. Retirez du four; disposez sur le plat de service.
10. Décorez de quartiers de citron et de cresson ou de persil.

Remarque:
Vous pouvez flamber les langoustes; arrosez-les de Cognac préalablement chauffé et flambez devant vos convives.

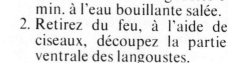

GÂTEAU MOKA À L'ABRICOT *Photo page 132*

Portions: 8
Cuisson: 10 à 12 min.

Ingrédients:

**Gâteau éponge:
1 tasse de farine à pâtisserie**

Préparation:

1. Tamisez la farine, mesurez-la, ajoutez la poudre à pâte et le sel.

1 **c. à t. de poudre à pâte** **sel** 5 **oeufs** 1 **tasse de sucre**	2. Battez les oeufs bien mousseux, ajoutez le sucre peu à la fois. 3. Incorporez la farine en pliant. 4. Versez dans 3 assiettes graissées de 8 po. recouvertes d'un papier brun graissé. 5. Faites cuire au four à 400°F., 10 à 12 min.

Glace au beurre moka: ½ **lb de beurre doux** 3 **jaunes d'oeufs** ¾ **de tasse de sucre** 2 **c. à tab. de café fort**	1. Crémez le beurre à l'aide d'une cuiller de bois; mélangez vigoureusement les jaunes d'oeufs, le sucre et le café. 2. Battez jusqu'à l'obtention d'une crème lisse.

8 **tranches d'ananas**
1 **bte d'abricots**
    cerises au marasquin
    noix hachées
    gelée de groseille
	1. Garnissez de crème entre les tranches du gâteau de même que tout le tour et le dessus.
	2. Coupez les tranches d'ananas en quartiers.
	3. Décorez le tour du gâteau.
	4. Entre les ananas, parsemez des noix hachées.
	5. Terminez la décoration en montant au sommet des demi-abricots.
	6. Ajoutez des cerises au marasquin.
	7. Passez sur les abricots avec un pinceau de la gelée de groseille ou autre.
	8. Mettez le gâteau au frais jusqu'au moment de servir.

Remarque:
Vous pouvez utiliser d'autres fruits, des pêches, des poires, etc.

MERINGUES CHOCOLATÉES

Portions: 4 à 5 doz.

Ingrédients:

2 blancs d'oeufs
¾ de tasse de sucre
1 lb de chocolat à la menthe

Préparation:

1. Chauffez le four à 350°F.
2. Battez les blancs d'oeufs jusqu'à ferme.
3. Ajoutez le sucre graduellement.
4. Coupez le chocolat et ajoutez-le aux blancs d'oeufs.
5. Placez par cuillerées sur un papier aluminium.
6. Placez au four et éteignez celui-ci immédiatement.
7. Lorsque le four est refroidi les meringues sont prêtes.

POUSSINS AUX PIMENTS FARCIS

Photo page 133

Portions: 6
Cuisson: 1 h.

Ingrédients:

6 poussins
sel, poivre, fines herbes
3 piments verts
3 piments rouges
2 tasses de riz pilaf (voir Cuisine d'automne, p. 150)
beurre, huile
safran
persil
bouillon

Préparation:

1. Nettoyez et désossez les poussins; gardez les os des cuisses.
2. Assaisonnez de sel, de poivre et de fines herbes.
3. Reformez les poussins.
4. Chauffez le beurre, l'huile, faites revenir les poussins de tous côtés.
5. Placez-les dans une lèchefrite et couvrez-les; faites-les cuire au four à 400°F., environ 1 h.
6. Coupez les piments en deux; enlevez les graines.
7. Dans la moitié du riz, ajou-

tez du persil haché et dans l'autre moitié, du safran.

8. Remplissez les piments verts avec le riz persillé et les piments rouges avec le riz au safran.

9. À la mi-cuisson des poussins placez les piments dans la lèchefrite; ajoutez un peu de bouillon.

10. Arrosez de temps en temps au cours de la cuisson.

PETITES BOULETTES DE PORC
Photo page 131

Portions: 6 à 8
Cuisson: 20 min.

Ingrédients:

   beurre et huile
1 **oignon haché**
2 **lb de porc haché**
½ **tasse de mie de pain**
1 **oeuf**
   sel, poivre
   fines herbes

   sauce aigre-douce
   (voir cuisine du Printemps, p. 286)

Préparation:

1. Chauffez le beurre etl'huile, faites revenir l'oignon.

2. Ajoutez-le à la viande hachée ainsi que la mie de pain trempée dans l'oeuf.

3. Salez, poivrez, ajoutez les fines herbes.

4. Façonnez en boulettes.

5. Faites-les revenir à la poêle.

6. Couvrez et finissez la cuisson au four 15 à 20 min.

7. Servez avec une sauce.

Remarques:
Ces boulettes se servent comme amuse-gueule, ou encore dans un buffet.
Chaque convive pique les petites boulettes avec un cure-dent et les trempe dans la sauce aigre-douce ou autre.
La sauce doit être bien assaisonnée.

POUDING D'ÉTÉ

Portions: 10

Ingrédients:

   tranches de pain
6 tasses de framboises
2 tasses de raisins
   rouges
1 tasse de sucre

Préparation:

1. Couvrez le fond et le côté d'un moule avec des tranches de pain.
2. Placez les framboises, le raisin et le sucre dans une casserole; faites cuire 5 min.
3. Placez les fruits dans le moule préparé.
4. Versez le jus sur les fruits.
5. Couvrez avec du pain.
6. Servez froid

SALADE DE POMMES DE TERRE "GÂTEAU"

Photo page 131

Portions: 20
Cuisson: 15 à 20 min.

Ingrédients:

16 à 18 pommes de terre
½ tasse d'oignon émincé
1 tasse de céleri en dés
1 piment vert en dés
⅓ de tasse de vinaigre de cidre
¼ de tasse d'huile à salade
3 échalotes émincées
3 cornichons sucrés hachés
1 tasse de mayonnaise
   concombres
   tomate
   persil

Préparation:

1. Brossez parfaitement les pommes de terre.
2. Faites-les cuire à l'eau bouillante salée.
3. Égouttez-les, pelez-les et coupez-les en dés pendant qu'elles sont encore chaudes.
4. Mélangez les pommes de terre, les oignons, le céleri, le piment vert, le vinaigre et l'huile.
5. Laissez reposer quelques minutes.
6. Ajoutez les échalotes, les cornichons et la mayonnaise.
7. Salez, poivrez.

8. Déposez dans 3 moules à gâteaux huilés, de différentes grandeurs.
9. Laissez refroidir 2 à 3 h.
10. Démoulez et garnissez de minces tranches de concombres, de mayonnaise, de pelures de tomates avec lesquelles vous confectionnez des roses, et de persil.

Remarque:
Vous pouvez utiliser indifféremment des moules ronds ou carrés.

SALADE DE BETTERAVES À LA NORVÉGIENNE

Photo page 130

Portions: 6

Ingrédients:

6   filets de harengs fumés
6 à 8 betteraves cuites, coupées en cubes
1   oignon en rondelles
1   gousse d'ail
¼   de tasse d'huile
1   c. à tab. de vinaigre
3   oeufs
    sel, poivre

Préparation:

1. Faites le mélange des betteraves, de l'ail, des anneaux d'oignons, de l'huile, du vinaigre, du sel et du poivre.
2. Étendez les filets dans le fond d'un plat; versez un peu d'huile dessus; laissez reposer quelques heures.
3. Au moment de servir, placez au fond du ravier une partie du filet de hareng, puis du mélange de betteraves, hareng, betteraves.
4. Décorez avec les anneaux d'oignons et les oeufs cuits durs.

SALADE MOULÉE AUX LÉGUMES *Photo page 1?*

Portions: 8

Ingrédients:

¾ **de tasse de gélatine au citron**
2¾ **tasses d'eau bouillante**
3 **c. à tab. de jus de citron**
  sel, poivre
2 **tasses de chou râpé**
¾ **de tasse de céleri en biseaux**
½ **tasse de carottes râpées**
½ **tasse de piment vert haché**
½ **tasse de piment rouge haché**
1 **tasse de laitue en lanières**
½ **tasse d'olives farcies en tranches**
  laitue
  carottes roulées
  olives noires

Préparation:

1. Faites dissoudre la gélatine citron à l'eau bouillante.
2. Ajoutez le jus de citron.
3. Laissez refroidir à demi.
4. Faites le mélange de tous les légumes, salez, poivrez.
5. Incorporez le mélange légumes dans la gélatine.
6. Versez dans un moule huilé de 8 tasses.
7. Laissez refroidir parfaitement.
8. Démoulez sur de la laitue.
9. Décorez de tranches de carottes et d'olives noires.

SOUFFLÉ DE SOLES *Photo page 130*

Portions: 6
Cuisson: 30 à 40 min.

Ingrédients:

3 **c. à tab. de beurre**
3 **c. à tab. de farine**
1 **tasse de lait**

Préparation:

1. Faites fondre le beurre, ajoutez la farine, faites cuire.
2. Retirez du feu, ajoutez le lait, brassez, remettez sur le

¼ **de lb. de crevettes**
2 **jaunes d'oeufs**
2 **blancs d'oeufs**
6 **filets de sole**
   sel, poivre
   beurre
   jus de 1 citron
12 **crevettes pour la**
   décoration
1 **tomate coupée**
1 **tartelette**
   oeufs de lump

feu, continuez la cuisson en
brassant jusqu'à
épaississement.

3. Ajoutez les crevettes puis les
   jaunes d'oeufs battus.
4. Fouettez les blancs ferme;
   incorporez la préparation
   des jaunes.
5. Versez dans un plat allant au
   four et faites cuire à 400°F.,
   10 min.
6. Assaisonnez les filets; pliez-
   les.
7. Chauffez le beurre et le jus
   de citron, faites cuire les
   filets.
8. Sortez le soufflé; placez les
   filets dessus.
9. Disposez les crevettes et les
   quartiers de tomates.
10. Remettez au four 10 min.
11. Au sortir du four placez au
    centre du plat la tartelette
    remplie d'oeufs de lump.
12. Garnissez de persil et servez
    avec des quartiers de citron.

SAUCE SABAYON

Portions: 6
Cuisson: 10 à 15 min.

Ingrédients:

6 **jaunes d'oeufs**
1 **c. à tab. plus 1 c. à t.**
   de sucre
½ **tasse de vin blanc sec**
¼ **de tasse de Kirsch**

Préparation:

1. Mélangez les jaunes d'oeufs,
   le sucre, le vin dans la partie
   supérieure du bain-marie et
   faites cuire mais sans que
   l'eau bout.
   Fouettez constamment
   jusqu'à ce que la préparation
   nappe la cuillère.
3. Ajoutez le Kirsch.
4. Servez chaud ou froid.

TARTE À L'AVOCAT *Photo page 134*

Portions: 8

Ingrédients:

1 abaisse de pâte de 9 po.
3 avocats
⅓ lb. de jambon en dés
3 coeurs de palmiers en dés
½ lb. de crabe ou de homard en dés
½ tasse de mayonnaise
1 c. à tab. de catsup
quelques câpres
poivre concassé
1 échalote hachée
1 pot d'oeufs de lumps
12 crevettes
jus de citron

Préparation:

1. Faites le mélange du jambon, des coeurs de palmiers, du crabe, de la chair d'un avocat et demi.
2. À la mayonnaise, ajoutez le catsup, les câpres, le poivre, l'échalote.
3. Versez sur la salade, mélangez délicatement.
4. Garnissez l'abaisse de cette préparation.
5. Sur le dessus, disposez les tranches d'avocat.
6. Citronnez
7. Décorez avec les oeufs de lumps et les crevettes.
8. Servez immédiatement.

LE CARNET DES JEUNES

Moi aussi je fais ma cuisine "plein air"... C'est la fête de Manon et je reçois les copains et les copines au jardin. J'installe deux tables, une pour les desserts, c'est ça qui est important, et une pour ceux qui ont faim, comme Jacquot qui mange tout le temps. Maman a acheté deux belles nappes avec des clowns, des serviettes, des assiettes et des verres en papier, comme ça on ne pourra rien casser, on va pouvoir s'amuser!

"Apéritif"

Pour être à la page, nous allons arroser cette fête avec du jus de pomme. Vive les pommes du Québec! Et voici la table de résistance:

CITRONS EN COQUETIERS

Ingrédients:

1 citron par personne
sardines à l'huile
beurre
persil haché
olives noires

Préparation:

1. Coupez une calotte dans le haut des citrons et videz-les avec une petite cuiller, en faisant attention de ne pas les percer.
2. Écrasez la pulpe au tamis et gardez le jus.
3. Égouttez les sardines, écrasez-les à la fourchette, ajoutez un peu de beurre pour faire une pâte; ajoutez le persil haché.
4. Incorporez au jus de citron.
5. Remplissez les citrons évidés et décorez avec une olive noire.
6. Mettez chaque citron sur un coquetier, c'est très joli.

Portions: 12 à 15

Ingrédients:

1 **pain sandwich non tranché
beurre**
2 **tasses de jambon haché
mayonnaise**
2 **c. à tab. de ciboulette hachée**
6 **on. de fromage à la crème plus ¼ de tasse de piment rouge,**
2 **tasses de poulet haché mayonnaise**
¼ **de tasse d'olives vertes coupées**

Préparation:

1. Coupez une tranche sur la longueur du pain — gardez-la pour le couvercle.
2. Enlevez la mie en un seul bloc de façon à obtenir une sorte de longue brique de mie.
3. Divisez en 4 grandes tranches.
4. Beurrez la première tranche et tartinez du mélange jambon mayonnaise et ciboulette hachée.
5. Beurrez la deuxième tranche et tartinez du mélange fromage et piments.
6. Beurrez la troisième tranche et tartinez du mélange poulet mayonnaise et olives.
7. Recouvrez de la dernière tranche.
8. Remettez ce sandwich géant dans la croûte.
9. Posez le couvercle.
10. Mettez au réfrigérateur.
11. Coupez en tranches au moment de servir.

PLATEAU DE SANDWICHES

PETITS PAINS RONDS :
> Beurre
> Tranche de fromage
> Salami
> Carottes râpées
> Concombres

SANDWICHES DOUBLES :
> 3 tranches de pain
> beurre
> moutarde
> laitue
> viande froide
> fromage
> pain
> tomates
> cresson

PAIN HAMBURGER   *Photo page 135*

Ingrédients :

3 petits pains ronds
   beurre, moutarde
6 rondelles de viande ha-.
   chée bien assaisonnée
6 tranches de tomates
18 champignons

   persil

Préparation :

1. Coupez les pains en deux.
2. Placez-les à griller.
3. Tartinez les pains de beurre et moutarde.
4. Déposez sur chaque moitié de pain une rondelle de viande, une tranche épaisse de tomate, puis 3 champignons fixés au moyen de bâtonnets.
5. Garnissez de persil.

Portions: 8
Cuisson: 30 à 35 min.

Ingrédients:

1 **tasse de pruneaux**
½ **tasse de thé**
⅓ **de tasse de sucre**
¼ **de tasse de beurre**
½ **tasse de sucre**

1 **oeuf**
1 **tasse de farine à**
   pâtisserie
1¼ c. à t. de poudre à pâte
   sel
½ **tasse de lait**
½ **c. à t. de vanille**

Maïs sucré

Préparation:

1. Faites gonfler les pruneaux dans le thé.
2. Mettez-les dans une casserole avec le sucre.
3. Faites cuire en compote 20 à 25 min.

1. Crémez le beurre, ajoutez graduellement le sucre, l'oeuf, la vanille, battez parfaitement.
2. Tamisez la farine, mesurez, ajoutez la poudre à pâte, le sel.
3. Incorporez la farine dans la première préparation en alternant avec le lait.
4. Versez dans un moule carré de 8" graissé et recouvert d'un papier graissé.
5. Faites cuire au four à 375°F. 30 à 35 min.
6. Refroidissez. Coupez le gâteau en 2 et étendez sur l'un la préparation aux pruneaux. Recouvrez de la deuxième partie.
7. Garnissez le dessus du gâteau de maïs sucré.
8. Placez tout autour la famille des petits bonhommes en gingembre.

BISCUITS: BONSHOMMES AU GINGEMBRE

Photo page 135

Ingrédients:

½ tasse de graisse
½ tasse de sucre
1 oeuf
¾ de tasse de mélasse
3 tasses de farine
¾ de c. à t. de sel
2 c. à t. de gingembre
¾ c. à t. de soda à pâte

Préparation:

1. Crémez le gras, ajoutez graduellement le sucre, ajoutez l'oeuf et la mélasse.
2. Tamisez la farine, mesurez, ajoutez le sel, le gingembre, le soda à pâte.
3. Incorporez au premier mélange.
4. Laissez refroidir.
5. Roulez, coupez à l'emporte-pièce.
6. Faites cuire au four à 375F., quelques minutes.

LES PETITES SOURIS

Photo page 135

Portions: 15
Cuisson: 50 à 60 min.

Ingrédients:

Pâte à choux
(voir cuisine d'hiver, p. 174)
Crème pâtissière
(voir cuisine d'hiver, p. 173)
Sucre à glacer
2 c. à tab. de lait
confiture
chocolat

Préparation:

1. Faites la pâte à choux.
2. Déposez-la en forme allongée sur une tôle.
3. Faites cuire.
4. Laissez refroidir.
5. Coupez en deux dans le sens de la longueur.
6. Remplissez de crème pâtissière et de confitures.
7. Nappez de glaçage blanc fait avec du sucre à glacer et du lait; ajoutez juste assez de lait pour que la glace ne coule pas.
8. Formez les yeux et la queue avec du chocolat fondu.

LES MENUS SPÉCIAUX

Crème verte
Flétan avec sauce maltaise
Poulet Alexandra
Purée de céleri parmenter
Haricots verts au beurre
Salade de légumes
Tarte aux fraises

CRÈME VERTE

Portions: 6
Cuisson: 20 min.

Ingrédients:

1 tête de laitue
  beurre
6 échalotes vertes
  hachées
1 gousse d'ail émincé
2 branches de persil
  haché
  sel, poivre
2 tasses d'eau
4 tasses de bouillon
  de poulet
2 jaunes d'oeufs
½ tasse de crème 15%
  persil haché

Préparation:

1. Lavez la laitue.
2. Chauffez le beurre, faites revenir les échalotes hachées.
3. Ajoutez la laitue, l'ail, le persil, le sel, le poivre l'eau.
4. Couvrez et laissez mijoter 15 min.
5. Passez au blender.
6. Ajoutez la purée au bouillon de poulet et ramenez à ébullition.
7. Vérifiez l'assaisonnement.
8. Faites la liaison avec les jaunes et la crème.

Remarque:
Vous pouvez faire cuire la laitue dans du bouillon.

FLÉTAN AVEC SAUCE MALTAISE

Portions: 6
Cuisson: 45 min.

Ingrédients:

2 flétans de 4 à 5 lb.
  paprika

Préparation:

1. Essuyez parfaitement les flétans.

sel, poivre
feuilles de laurier
½ **tasse de beurre fondu**
½ **tasse de vin blanc**
fenouil

2. Saupoudrez-les de paprika, salez, poivrez.
3. Placez une feuille de papier aluminium sur une tôle.
4. Étendez les poissons dessus, placez 5 à 6 feuilles de laurier.
5. Faites cuire au four à 350°F. environ 45 min.
6. Arrosez souvent avec le mélange beurre et vin.
7. Placez le poisson dans le plat de service.

Sauce maltaise
1 **tasse de sauce**
hollandaise
(**voir cuisine d'automne p. 121**)
1 **c. à t. de zeste**
d'orange
le jus de 1 orange

8. Garnissez avec les feuilles de laurier et de fenouil.
9. Servez avec la sauce maltaise.

10. À la sauce hollandaise ajoutez le zeste et le jus d'orange.

POULET ALEXANDRA

Portions: 6
Cuisson: 60 min.

Ingrédients:

beurre et huile
6 **morceaux de poulet cuisses ou suprêmes**
6 **échalotes vertes**
1 **tomate pelée et coupée**
2 **c. à tab. de persil**
½ **c. à t. de thym**
½ **tasse de vin blanc sec**
sel, poivre
¾ **de tasse de crème sure**
paprika

Préparation:

1. Chauffez le beurre, l'huile, faites dorer le poulet.
2. Ajoutez les échalotes, la tomate, le persil, le thym, le vin, salez, poivrez.
3. Couvrez et placez au four à 350°F., 50 à 60 min.
4. Juste avant de servir, ajoutez la crème sure.
5. Chauffez mais sans laisser bouillir.
6. Enlevez le poulet; placez-le dans le plat de service.
7. Versez la sauce dessus.
8. Saupoudrez de paprika.

PURÉE DE CÉLERI PARMENTIER

Portions: 6 à 8

Ingrédients:

6 à 7 bâtons de céleri
3 tasses de purée de
**   pommes de terre**
**   chaude**
**   sel, poivre**

Préparation:

1. Parez le céleri; coupez-le en tronçons de 1 po. environ.
2. Faites-le cuire à l'eau bouillante salée.
3. Égouttez-le et faites-le sauter au beurre.
4. Passez-le au blender.
5. Incorporez la purée de céleri dans la purée de pommes de terre.
6. Salez, poivrez.
7. Servez chaud.

Remarque:
Vous devez avoir ⅓ de purée de céleri pour la purée de pommes de terre.

SALADE DE LÉGUMES

Portions: 6

Ingrédients:

1 tasse de tomates
**   tranchées**
1 tasse de concombres
**   tranchés**
½ tasse de radis tranchés
1 oignon doux tranché
**   ½ à ¾ de tasse de**
**   vinaigrette**
1 c. à t. de raifort

Préparation:

1. Faites le mélange des légumes.
2. Mêlez bien la vinaigrette avec le raifort.
3. Mélangez délicatement les deux préparations.
4. Déposez sur un lit de laitue bien croustillante.

HARICOTS VERTS AU BEURRE

Portions: 6
Cuisson: 10 à 15 min.

Ingrédients:

1½ lb de haricots verts
    bouillon de poulet
⅓ de tasse de beurre
    fondu
⅓ de tasse de persil
    haché
3 c. à tab. de citron

Préparation:

1. Coupez les haricots verts d'un po.
2. Faites-les cuire dans le bouillon de poulet 10 à 15 min. ou jusqu'à ce qu'ils soient tendre.
3 Égouttez-les.
4. Passez-les dans le beurre fondu.
5. Ajoutez le persil et en dernier lieu le jus de citron.

TARTE AUX FRAISES

Portions: 6
Cuisson: 5 min.

Ingrédients:

1 abaisse de tarte cuite
4 tasses de fraises
1 tasse de sucre
2 tasses de jus plus eau
    pour compléter
2 c. à tab. de fécule de
    maïs

Préparation:

1. Placez les fraises dans un plat; saupoudrez de sucre, laissez reposer quelques heures.
2. Égouttez et mettez le jus dans une casserole.
3. Amenez à ébullition.
4. Ajoutez la fécule délayée.
5. Refroidissez jusqu'à tiède.
6. Placez les fraises dans l'abaisse cuite.
7. Versez le sirop dessus.

Remarque:

Vous pouvez mettre une crème pâtissière (voir Cuisine d'Hiver, p. 173) dans le fond de l'abaisse et placer les fraises dessus. Décorez à volonté de crème fouettée.

**Soute froide au cari
Truite sauce verte
Longe de porc avec rhubarbe (photo)
Pommes de terre château
Carottes glacées au citron
Salade Elisabeth
Crème glacée aux amandes et noix de coco.**

SOUPE FROIDE AU CARI

*Portions: 6
Cuisson: 12 à 15 min.*

Ingrédients:

2	c. à t. de poudre de cari
4	tasses de bouillon de poulet
¾	de tasse de crème 35%
2	jaunes d'oeufs

Préparation:

1. Amenez le bouillon de poulet avec la poudre de cari à ébullition.
2. Réduisez le feu et laissez mijoter 8 à 10 min.
3. Chauffez la crème.
4. Battez les jaunes et ajoutez doucement la crème.
5. Faites le mélange avec le bouillon.
6. Laissez refroidir plusieurs heures.
7. Fouettez la soupe avec le batteur avant de servir.
8. Servez dans des bols froids.
9. Garnissez avec de fines tranches d'avocado et quelques petits bâtonnets de pommes ou du cresson ou du persil.

Remarque:
Si la soupe est trop épaisse, vous pouvez ajouter un peu de lait.

TRUITES SAUCE VERTE

Portions: 6
Cuisson: 20 à 25 min.

Ingrédients:

6 truites
sel, poivre
court bouillon

Préparation:

1. Nettoyez les truites, salez-les, poivrez-les.
2. Étendez-les dans une casserole.
3. Ajoutez du court bouillon chaud pour couvrir les truites.
4. Faites mijoter 4 à 5 min.
5. Couvrez la casserole.
6. Placez-la au four à 350°F. 15 à 20 min.
7. Refroidissez dans le liquide.
8. Placez dans le plat de service et servez avec la sauce verte.

Sauce verte

2 tasses de mayonnaise
2 c. à tab. de cerfeuil haché
1 c. à tab. d'épinards cuits, coupés
2 c. à tab. de feuilles d'estragon coupé
2 c. à tab. de cresson coupé
sel, poivre

1. Ajoutez tous les ingrédients verts à la mayonnaise.
2. Ajoutez le sel, le poivre, au goût.

LONGE DE PORC
AVEC RHUBARBE   *Photo page 136*

Portions: 8
Cuisson: 2½ à 3 h.

Ingrédients:

1   longe de porc de 5 lb.
     huile
     sel, poivre
1   oignon haché
1   tasse de bouillon
1   feuille de laurier
     romarin

Préparation:

1. Brossez la longe de porc désossée avec de l'huile; salez, poivrez.
2. Placez la viande dans une casserole le côté gras sur le dessus.
3. Ajoutez l'oignon, le bouillon, le laurier et le romarin.
4. Placez au four à 350°F. en comptant 30 à 35 min. par lb.
5. Arrosez durant la cuisson.
6. Le porc étant cuit, coupez-le en tranches de ¾ de po. et déposez sur de la rhubarbe cuite.
7. Enlevez le surplus de gras de la casserole.
8. Ajoutez un peu de liquide si c'est nécessaire et épaississez avec du beurre manié.

Rhubarbe cuite
3   lb de rhubarbe
½   tasse de jus d'orange
1   tasse de sucre

1. Lavez la rhubarbe; coupez-la en bout de ½ à ¾ de po.
2. Placez la rhubarbe dans un plat allant au four.
3. Faites cuire au four à 325°F. 25 à 30 min. ou jusqu'à ce qu'elle soit cuite.

Portions: 6
Cuisson: 30 min.

Ingrédients:

24 à 30 petites pommes de terre de forme olive
beurre et huile
persil haché

Préparation:

1. Coupez les pommes de terre en forme de grosses olives.
2. Salez, poivrez.
3. Faites cuire dans le beurre et l'huile jusqu'à ce qu'elles soient dorées.
4. Finissez au four à 400°F. jusqu'à ce qu'elles soient tendres.
5. Saupoudrez de persil haché.

CAROTTES GLACÉES AU CITRON

Portions: 6
Cuisson: 15 à 20 min.

Ingrédients:

2 **lb de jeunes carottes**
½ **tasse de beurre**
2 **c. à tab. de sucre**
2 **c. à t. de persil**
 jus de 1 citron

Préparation:

1. Si les carottes sont grosses coupez-les.
2. Faites-les cuire à l'eau bouillante salée 10 à 15 min. ou jusqu'à ce qu'elles soient tendres.
3. Égouttez-les.
4. Faites fondre le beurre, ajoutez le sucre, le persil et le jus de citron.
5. Faites sauter les carottes 5 min. remuez afin que les carottes soient parfaitement enrobées.

SALADE ELISABETH

Portions: 6

Ingrédients:

4 à 6 endives
¼ de tasse de jus de citron
1 c. à t. de sel
¼ de c. à t. de poivre
¾ de tasse d'huile
6 petites betteraves tranchées minces
cerfeuil
estragon
ciboulette

Préparation:

1. Coupez les endives dans le sens de la longueur.
2. Placez les endives sur 6 assiettes individuelles.
3. Faites le mélange du jus de citron, du sel, du poivre et de l'huile.
4. Versez sur les betteraves.
5. Couvrez les endives de ce mélange.
6. Saupoudrez du mélange-cerfeuil, estragon, ciboulette.

Remarque:
Vous pouvez remplacer le jus de citron par du vinaigre, soit de vin, de cidre ou d'estragon.

CRÈME GLACÉE AMANDES ET NOIX DE COCO

Portions: 8

Ingrédients:

¼ de tasse d'amandes effilées grillées
¼ de tasse de noix de coco
4 tasses de crème glacée à la vanille
essence d'amande

Préparation:

1. Mélangez les amandes et la noix de coco et gardez 3 c. à t. pour le dessus.
2. Ramollissez la crème glacée, incorporez le mélange amandes et noix de coco, l'essence d'amande.
3. Placez dans des coupes.
4. Saupoudrez avec le mélange que vous avez gardé.
5. Placez au congélateur jusqu'au moment de servir.

Remarque:
Vous pouvez verser dans un plateau ou encore dans des cassolettes de papier.

Entrée d'épinards
Bouillon au céleri
Steak gourmet
Riz brun pilaf
Zuchettes et tomates
Radis et chou vert
Mousse aux fraises

ENTRÉE D'ÉPINARDS

Portions: 6
Cuisson: 5 min.

Ingrédients:

2	lb d'épinards
1	lb oignon haché
½	tasse de persil haché
1	c. à tab. d'estragon
3	oeufs cuits durs coupés
6	sardines à l'huile coupées
	sel, poivre
	pain

Préparation:

1. Parez et lavez les épinards.
2. Mettez-les dans une casserole avec l'oignon, le persil et l'estragon.
3. Faites cuire quelques minutes.
4. Égouttez, enlevez le surplus d'eau.
5. Ajoutez les oeufs cuits durs et les sardines.
6. Passez le tout au blender.
7. Salez, poivrez.
8. Étendez sur une tôle et faites refroidir.
9. Coupez en petits morceaux et placez dans un plat sur la glace.
10. Servez avec du pain rôti.

BOUILLON AU CÉLERI

Portions: 6
Cuisson: 15 à 20 min.

Ingrédients:

6 bâtons de céleri
6 tasses de bouillon de boeuf
sel, poivre

Préparation:

1. Placez le céleri coupé en gros morceaux dans une casserole.
2. Ajoutez le bouillon, amenez à ébullition.
3. Faites mijoter 15 à 20 min. ou jusqu'à ce que le céleri ait donné entièrement son goût.
4. Vérifiez l'assaisonnement.
5. Égouttez.

Remarque:
Vous pouvez servir ce bouillon avec de petits croûtons.

STEAK GOURMET

Portions: 6
Cuisson: 10 min.

Ingrédients:

2 tasses de vin rouge
1 oignon haché
1 gousse d'ail émincé
1 c. à t. de poivre fraîchement moulu
2 tranches de surlonge ou de porterhouse
beurre

Préparation:

1. Faites le mélange du vin rouge, de l'oignon, de l'ail et du poivre.
2. Marinez le steak dans le mélange au moins 2 h.; retournez-le de temps en temps.
3. Enlevez le steak; épongez-le, badigeonnez-le de beurre.
4. Placez-le sur le gril; faites-le cuire selon votre goût.
5. Faites réduire la marinade au ⅔.
6. Égouttez et versez sur le steak.

RIZ BRUN PILAF

Portions: 6 à 8
Cuisson: 30 à 35 min.

Ingrédients:

2 tasses de riz brun
4 tasses de bouillon de poulet
1 c. à t. de tumeric
¼ de tasse de raisin de Corinthe
¼ de tasse de Madère
½ tasse d'échalotes vertes
⅓ de tasse de noix hachées fin
1 c. à tab. de gingembre

Préparation:

1. Dans une casserole faites le mélange du riz, du bouillon et du tumeric.
2. Amenez à ébullition; brassez avec une fourchette.
3. Couvrez et placez au four à 325°F., 30 à 35 min.
4. Enlevez du four et laissez reposer 10 min.
5. Faites tremper les raisins dans le Madère 30 min.
6. Égouttez, ajoutez les échalotes, les noix et le gingembre aux raisins.
7. Ajoutez ce mélange au riz.

Remarque:
Vous pouvez omettre le Madère et faire tremper les raisins simplement à l'eau.

RADIS ET CHOU VERT

Portions: 6

Ingrédients:

½ chou
12 radis
1½ tasse de mayonnaise
1 c. à t. de moutarde préparée
1 c. à t. de câpres
1 c. à t. d'estragon
1 c. à t. de ciboulette
1 c. à t. de persil
1 c. à t. de cornichons
1 c. à t. de cerfeuil
1 échalote

Préparation:

1. Coupez le chou en filaments et les radis en tranches minces.
2. Ajoutez tous les ingrédients à la mayonnaise.
3. Versez sur le mélange de chou et radis.
4. Garnissez de quelques radis.
5. Servez froid.

ZUCHETTES ET TOMATES

Portions: 6
Cuisson: 10 min.

Ingrédients:

6	zuchettes
	beurre et huile
1	gousse d'ail
3	tomates blanchies en dés
	sel, poivre
12	olives noires
	persil haché

Préparation:

1. Tranchez les zuchettes ¼ de pouce d'épaisseur.
2. Chauffez le beurre et l'huile; faites cuire les zuchettes et l'ail en remuant environ 5 min. ou jusqu'à transparent, salez, poivrez.
3. Ajoutez les tomates et faites cuire quelques minutes.
4. Versez dans le plat de service.
5. Couvrez avec les olives.
6. Saupoudrez de persil.

Remarque:
Vous pouvez remplacer les olives noires par des olives vertes.

MOUSSE AUX FRAISES

Portions: 6
Cuisson: 10 min.

Ingrédients:

1	c. à tab. de gélatine
¼	de tasse de lait
1¼	tasse de lait
4	jaunes d'oeufs
⅓	de tasse de sucre
4	blancs d'oeufs
2	c. à tab. de sucre
½	tasse de crème 35%

Préparation:

1. Gonflez la gélatine dans le quart de tasse de lait.
2. Chauffez le lait au bain-marie.
3. Battez les jaunes avec le sucre jusqu'à pâle.
4. Versez doucement le lait sur les jaunes.
5. Remettez le tout au bain-marie.
6. Faites cuire en brassant jusqu'à napper la cuillère.

1 tasse de fraises broyées

Grand Marnier au goût

7. Enlevez du feu; ajoutez la gélatine; brassez pour dissoudre.
8. Laissez refroidir.
9. Battez les blancs; ajoutez le sucre.
10. Incorporez la préparation aux jaunes en pliant.
11. Fouettez la crème et incorporez la.
12. En dernier lieu ajoutez les fraises puis le Grand Marnier.
13. Versez dans un moule huilé.
14. Refroidissez et démoulez.
15. Décorez de crème fouettée et de fraises.

Quenelles de brochet
Sauce vénitienne
Steak Salisbury
Pommes de terre sucrées
Tomates et champignons farcis
Salade de concombre au yoghourt
Macédoine de fruits

QUENELLES DE BROCHET

Portions: 6
Cuisson: 15 à 20 min.

Ingrédients:

2   lb de brochet
4   blancs d'oeufs
3   tasses de crème 15%
    sel, poivre
    muscade
    cayenne

Préparation:

1. Enlevez la peau et les arêtes du brochet.
2. Coupez en morceaux; passez au blender.
3. Placez le plat contenant le poisson sur la glace.
4. Incorporez doucement les blancs d'oeufs à l'aide d'une cuillère de bois.
5. Ajoutez graduellement la moitié de la crème.
6. Salez, poivrez, ajoutez la muscade, le cayenne et ajoutez plus de crème si nécessaire.
7. Faites le test en faisant pocher une demi c. à t. du mélange dans de l'eau chaude mais qui ne bout pas.
8. Les quenelles doivent garder leur forme.
9. Donnez des formes ovales aux quenelles.
10. Mettez dans la casserole assez d'eau bouillante ou de

court-bouillon pour couvrir
à moitié les quenelles.
11. Couvrez la casserole et laissez mijoter 15 à 20 min.
12. Égouttez les quenelles sur un
papier absorbant.
13. Servez avec sauce
Vénitienne.

SAUCE VÉNITIENNE

Portions: 6
Cuisson: 10 min.

Ingrédients:

1 **tasse de vin blanc sec**
1 **tasse de vinaigre**
 d'estragon
2 **tasses de sauce No 2**
 faite avec le court-
 bouillon
1 **tasse de sauce Hollan-**
 daise (voir Cuisine
 d'automne, p. 121)
½ **c. à t. de cerfeuil**
½ **c. à t. d'estragon**
 sel, poivre

Préparation:

1. Faites le mélange du vin et
du vinaigre.
2. Portez à ébullition et faites
diminuer de moitié.
3. Ajoutez à la sauce,
assaisonnez.
4. Enlevez du feu; incorporez
doucement la sauce
hollandaise.
5. Ajoutez le cerfeuil et
l'estragon.
6. Vérifiez l'assaisonnement.

Remarque:
Vous pouvez omettre la sauce
hollandaise et ajouter à la sauce
2 c. à tab. de beurre doux.

STEAK SALISBURY

Portions: 6 à 8
Cuisson: 10 min.

Ingrédients:

2	lb de boeuf haché
1	oignon émincé
½	piment vert haché
1	gousse d'ail émincé
2	c. à t. de ciboulette
2	c. à t. de persil haché
	thym
	sel, poivre
	beurre ou huile
2	c. à tab. de beurre
2	c. à tab. de catsup
	jus de ½ citron
	sauce Worcestershire
	sauce Tabasco
1	c. à t. de moutarde préparée
2	c. à tab. de sherry

Préparation:

1. Faites le mélange du boeuf, de l'oignon, du piment, de l'ail, de la ciboulette, du persil, du thym, du sel et du poivre.
2. Donnez la forme ronde du steak hambourg 1½ à 2 po. d'épaisseur.
3. Badigeonnez de beurre ou d'huile.
4. Faites cuire au grilleur, environ 5 min. de chaque côté.
5. Servez avec la sauce: faites fondre du beurre, ajoutez le catsup, le jus de citron, sauce Worcestershire, le Tabasco, la moutarde et le Sherry.
6. Amenez au point d'ébullition et versez sur les steaks.

Remarque:
Vous pouvez remplacer le sherry par du bouillon.

POMMES DE TERRE SUCRÉES

Portions: 6
Cuisson: 35 à 40 min.

Ingrédients:

| 8 | pommes de terre sucrées |

Préparation:

1. Brossez, lavez les pommes de terre.

240

1	**tasse de lait chaud**
½	**tasse de beurre**
1	**c. à t. zeste de citron**
	sel, poivre
4	**blancs d'oeufs**

2. Faites-les cuire à l'eau bouillante salée.
3. Égouttez, pelez, mettez en purée.
4. Ajoutez le lait, le beurre, le zeste, le sel, le poivre.
5. Battez très mousseux.
6. Fouettez les blancs et incorporez les pommes de terre.
7. Versez dans un plat à soufflé beurré; le plat doit être rempli au ¾.
8. Faites cuire au four à 375°F pendant 35 à 40 min. le dessus doit être doré.

SALADE DE CONCOMBRE AU YOGHOURT

Portions: 4 à 6

Ingrédients:

3	**concombres**
	1 ou 2 paquets de cresson
1	**yoghourt**
	menthe hachée finement

Préparation:

1. Tranchez les concombres très minces.
2. Préparez le cresson.
3. Faites le mélange.
4. Ajoutez le yoghourt.
5. Saupoudrez de menthe hachée.

TOMATES ET CHAMPIGNONS FARCIS

Portions: 6
Cuisson: 20 à 30 min.

Ingrédients:

6 tomates moyennes
6 grosses têtes de
champignons
beurre
1 oignon haché
½ lb de champignons
hachés
1 c. à tab. de persil
haché
1 tasse de bouillon
1½ tasse de mie de pain
1 oeuf
sel, poivre

Préparation:

1. Coupez une tranche sur chacune des tomates.
2. Avec une petite cuillère, évidez-les.
3. Tournez les tomates afin qu'elles s'égouttent.
4. Nettoyez les têtes de champignons.
5. Placez les tomates et les champignons dans un plat beurré allant au four.
6. Chauffez le beurre, faites revenir l'oignon et les champignons hachés, ajoutez le persil haché, faites cuire quelques minutes.
7. Ajoutez le bouillon, laissez mijoter jusqu'à réduction de moitié.
8. Salez, poivrez, ajoutez 1 tasse de mie de pain, l'oeuf légèrement battu.
9. Farcissez les tomates et les champignons.
10. Saupoudrez avec le reste du pain et du beurre fondu.
11. Placez au four à 400°F., 10 min. ou jusqu'à doré.

MACÉDOINE DE FRUITS

Portions: 6
Cuisson: 5 min.

Ingrédients:

5 tasses de fruits en saison
1 tasse d'eau
1 tasse de sucre
2 c. à tab. de kirsch ou de rhum ou autres liqueurs

Préparation:

1. Coupez les fruits; placez-les dans un bol de cristal.
2. Faites un sirop avec l'eau, le sucre, laissez bouillir 5 min. Laissez refroidir.
3. Ajoutez le kirsch.
4. Versez sur les fruits.
5. Refroidissez au moins 2 heures.

GLOSSAIRE:

AGRUMES
Terme générique désignant des fruits plus ou moins acidulés (citrons, orange, mandarines, pamplemousses, etc.)

ARROW-ROOT
Fécule délicate extraite de rhizomes de plantes tropicales employée pour la liaison de jus, potages ou crèmes comme pour la préparation des bouillies et des entremets.

BEURRE CLARIFIÉ
Beurre fondu à une température au-dessous de 60° puis décanté pour le séparer du petit lait. Sert pour les sauces émulsionnées: hollandaise, béarnaise.

BEURRE MANIÉ
Beurre mélangé à de la farine et servant à lier ou terminer une préparation culinaire.

BRUNOISE
Garniture de légumes (carottes, navets, poireaux, oignons, céleris, etc.) taillés régulièrement, servant à la préparation de certains potages ou au renforcement de sauces ou de farces. Se dit également de la façon de tailler les mêmes légumes en tout petits dés.

CHAUD-FROID
Préparation culinaire pour servir froides des pièces de volaille, de gibier ou quelque pièces de boucherie. Elle se fait avec une sauce suprême.

CONCASSER
Hacher grossièrement.

CONDIMENT
Substance destinée à relever le goût d'un aliment au cours de la préparation ou sur table. Les condiments stimulent l'appétit.

CORSER
Action de rendre plus gustatifs des sauces, des jus, des fonds de volaille, de gibier, de pièces de boucherie, en les réduisant ou en y incorporant des extraits de viande, de gibier ou de poisson.

COUPERET
Sorte de lourde lame courte et tranchante à manche solide qui permet à la fois de désosser, trancher et découper. Il sert également pour aplatir les viandes.

CROÛTE
Partie dure d'une pâte cuite qui enveloppe une préparation: jambon en croûte, vol-au-vent.

DÉ
Petit morceau de viande, de poisson ou de légume coupé en carré pour servir généralement de garniture: langue, homard, carottes, champignons, truffes.

DÉCORTIQUER
Dépouiller de leur écorce une tige, une racine, séparer un fruit, une graine, de son enveloppe, un crustacé de sa carapace.

DÉCOUPER
Diviser convenablement une pièce de volaille, de gibier ou de viande de boucherie à l'aide d'un couteau et d'une fourchette appropriés.

DEMI-GLACE
Espagnole additionnée de fond brun, réduite des $\frac{2}{3}$ et relevé d'un verre de madère, puis minutieusement passée.

DÉNERVER
Enlever les tendons, les nerfs des chairs des animaux et de volailles avant de les mettre à cuire.

DÉPECER
Diviser les chairs en suivant les règles de l'anatomie des animaux, afin de ne pas taillarder les chairs.

DESSALER
Moyen consistant à séparer des matières solides ou liquides le sel dont elles sont imprégnées.

DORURE
Appareil de jaunes d'oeufs battus lisses avec du lait ou de l'eau et que l'on applique avant cuisson sur des pâtes, des purées ou autres.

DUXELLES
Hachis de champignons rehaussé d'oignons, d'échalotes, de persil avec une pointe de muscade, sel, poivre et paprika qui est utilisé pour corser toutes sortes de préparation.

ÉCALER
Dégarnir de l'écale ou enveloppe noix, fèves, pois et même oeufs et coquillages.

ÉCAILLER
Enlever ou ouvrir les écailles.

EFFILER
Tailler en filets minces des amandes, des pistaches dans le sens de la longueur.

ÉGOUTTER
Action de retirer de l'eau des légumes ou des viandes cuits ou blanchis en les déposant sur des tamis ou des plaques à égoutter.

ÉMIETTER
Diviser un corps friable en miettes en les séparant avec les mains. Les miettes de pain sont utilisées pour faire rapidement certaines farces.

ÉMONDER
Enlever l'écorce des amandes après les avoir quelques instants ébouillantées. On émonde les tomates également.

ENROBER
Recouvrir d'une couche protectrice telle que pâte, sauce, sucre, etc.

ENTREMETS
Mets que l'on sert entre le rôti et le dessert.

ÉPICE
Substance végétale aromatique servant à condimenter les mets. Les épices se trouvent en grand nombre et ont subi maints mélanges: épices au sel, quatre épices; girofle, muscade, poivre et cannelle; épices de charcutier pour pâtés froids.

ESPAGNOLE
Sauce brune faite d'un roux brun, de fond de veau et de boeuf, mouillée puis réduite à plusieurs reprises. Elle sert de base à quantité de sauces et petites sauces brunes.

FAISANTE
Se dit du gibier abattu que l'on conserve plus ou moins longtemps avant de le consommer afin d'en accentuer le fumet.

FARCE
Chair de poisson, viande de boucherie, chair de gibier hachée ou pilée entrant dans la composition de maints apprêts culinaires: farces de poisson, à quenelle, à garnir, de pâté chaud ou froid, farces à saucisses diverses, farces à terrine, à galantine, etc.

FÉCULE
Poudre d'amidon pur obtenue par broyage et lavage de certains végétaux (pommes de terre, riz, froment, châtaignes, marrons, haricots, lentilles, pois, fèves, etc.) Ce mot pris isolément désigne la fécule de pommes de terre.

FEUILLETAGE
Pâte à laquelle on incorpore du beurre en "six tours" (pliages) coupés par deux repos, de façon que ce beurre se mêle parfaitement et qu'à la cuisson la pâte se gonfle en multiples feuilles et se dore.

FLEURONS
Petits ornements de feuilletage façonnés en forme de croissants, de triangles, de fleurs ou de feuilles que l'on dispose sur le bord intérieur d'un plat.

FONDANT
Se dit principalement d'un sucre cuit au petit boulé travaillé à la spatule jusqu'à ce qu'il forme une pâte blanche et lisse à conserver en un vase bien clos. On y adjoint parfois, au moment de son emploi, du chocolat, du café, des essences ou des liqueurs. Il existe des bonbons fondants en confiserie. En cuisine on réalise, par malaxage de purée très fine de l'élément principal avec du beurre.

FONDS
Bouillons et jus obtenus en cuisant par ébullition diverses viandes ou os avec des aromates (fond de veau, de boeuf, de volaille, de gibier). Les fonds de poisson sont des fumets, de même les fonds de gibier. On distingue les fonds blancs et les fonds bruns.

GARNITURE
Préparation alimentaire qui accompagne une pièce principale. La cuisine en comprend des centaines. Le rôle de la garniture est de

compléter le plat, non de l'écraser. Plus que toute autre préparation, elle doit obéir au principe d'élégance et de simplicité.

GELÉE
Suc de viande, de poisson, de fruit, etc., qui, d'abord chauffé, a pris en se refroidissant une consistance ferme et d'ordinaire un aspect brillant.

GLUCOSE
Principe qui se trouve dans les fruits sucrés et qui ne se cristallise pas.

GLUTEN
Partie essentiellement nutritive de la farine.

GRATIN
Mets qui se termine par une action du feu qui croûte et ssit sa surface. Généralement obtenu par addition ou saupoudrage de fromage.

GRATINER
Passer un mets au four ou à la salamandre pour lui faire prendre une couleur dorée.

GRIL
Ustensile de cuisine servant à faire griller à même le feu les viandes ou les poissons.

GRILLADE
Aliment cuit sur le gril. Partie de la rôtisserie où se trouvent les grils dans une grande cuisine.

GRUMELEUX
Qui contient de petits grumeaux. Potage grumeleux, sauce grumeleuse.

HACHER
Rendre très menu, à l'aide d'un hachoir ou d'un couteau, de la chair, des légumes ou tout autre denrée alimentaire.

IMBIBER
Faire imprégner de sirop un gâteau quelconque.

INCISER
Se dit des légères entailles que l'on fait à certains articles avant de les mettre à la broche, au gril ou à la friture.

JARDINIÈRE
Garniture composée de légumes frais, carottes, navets, haricots verts, petits pois. On taille les plus gros d'entre eux en dés, losanges, puis on les cuit chacun selon son mode. On les dresse par groupes bien distincts autour de la pièce principale.

MACÉDOINE
Composition comprenant plusieurs légumes détaillés en petits morceaux cuits séparément, puis liés au beurre ou à la crème. Servie froide, la macédoine est mélangée à une mayonnaise ou une vinaigrette. La macédoine se fait également avec plusieurs fruits émincés.

MARINADE
Liquide condimenté dans lequel on fait baigner certaines viandes pour leur donner un goût de venaison, ou pour les conserver ou les attendrir. Les marinades se font cuites ou crues selon le temps et le volume des viandes qui y sont traitées.

MARMELADE
Purée de pulpes de fruits dans laquelle on ajoute les trois quarts de son poids de sucre.

MATELOTE
Préparation culinaire faite ordinairement d'anguille et de vin. Elle s'étend à bien d'autres poissons.

MÉDAILLON
Article présenté en forme ronde ou ovale. S'applique aux petites pièces de viande et de volaille ou autre.

MIREPOIS
Appareil culinaire à base de carottes et quelquefois de lard et d'oignons, de jambon, que l'on fait fondre doucement non sans avoir ajouté thym, basilic, feuille de laurier, clou de girofle. En maigre, on substitue au jambon le céleri.

PANNE
Graisse fine

PANURE
Pain séché, pilé et tamisé qui sert à paner.

PAPILLOTE
Papier jaboté en forme de manchette servant à recouvrir l'os des côtelettes. Papier en forme de tulipe servant à garnir les manches du gigot.

PAUPIETTE
Préparation consistant à tailler la chair par bandes, aplaties ensuite, assaisonnées, farcies, puis roulées, bordées, ficelées et cuites. Paupiette de veau, de volaille, de faisan.

PÉTRIR
Opération qui a pour but de transformer la farine en pâte en y incorporant de l'eau.

PIQUER
Percer de petits trous une pâte crue à l'aide d'une fourchette. Placer à l'aide d'une aiguille à larder des bâtonnets de lard, de jambon, de truffe, etc.

POISSONNIÈRE
Ustensile de cuisine de forme rectangulaire allongée muni d'une grille servant à soulever le poisson après sa cuisson.

QUENELLE
Apprêt composé d'une farce très fine, très homogène faite de chair blanche de boucherie, de volaille, de poisson ou de gibier mélangée de beurre, d'oeufs et de crème. Les quenelles sont de diverses formes, elles servent de garniture à divers mets et potages. On les réalise à la

cuillère, ou à la poche. Quenelles de veau, de poularde, de chevreuil, de langouste, de brochet. Les grosses quenelles doivent être décorées de motifs de truffes.

RÉDUCTION
Travail consistant à faire évaporer un fond, une sauce, afin de concentrer les sucs et lui donner plus de consistance.

RELEVÉ
Donner plus de goût par adjonction de sel ou de condiments.

RISSOLE
Viande hachée ou farce enveloppée dans de la pâte et frite ensuite.

RÔTIES
Tranches de pain rôties, grillées ou frites qui reçoivent de nombreuses utilisations en cuisine.

ROULADE
Grosse tranche de viande aplatie, roulée sur elle-même après application d'une couche de farce, ficelée, cuite entière au four ou à la broche.

SABAYON
Composé fait de jaunes d'oeufs, de sucre et de vin Marsala ou autre vin italien sec et un peu amer. La préparation pose une question de tour de main. On désigne également sous ce nom un mélange de jaunes d'oeufs et de crème que l'on fait cuire en battant et qui sert à lier et à affiner une sauce blanche accompagnant une volaille ou un poisson.

SANGLER
Entourer de glace une crème, un liquide pour le faire saisir par le froid.

SAUCE
Substance plus ou moins liquide, plus ou moins corsée par les fumets de poisson, de viande, de volaille ou de gibier et par les aromates qui participent à sa confection. Les sauces peuvent être liées à la fécule, à la farine, au moyen de roux, au jaune d'oeuf, à la crème. Elles forment la base de la cuisine française. Il existe une très grande variété de sauces chaudes ou froides, brunes, blanches, les sauces à émulsion, les petites sauces.

SOCLES
Sortes de piédestal, destinés au dressage artistique de pièces cuisinées chaudes ou froides. Les socles se font soit en graisse, saindoux, en riz, en gélatine, en pastillage, en glace, etc. Les socles en pastillage sont ceux qui supportent le mieux les décors.

SORBET
Glace rendue mousseuse et fondante. Plus mou et plus grenu que la glace, il est moins sucré que celle-ci.

SORBETIÈRE
Appareil à main ou mécanique dans lequel on fait congeler les crèmes et les sorbets, les granités pour les traiter en diverses manières.

SOUFFLÉ

Entremets léger et délicat composé de crème et de blancs d'oeufs battus en neige et qui gonfle à la cuisson. Il existe en dehors des soufflés d'entremets, des souffés dits de cuisine, au fromage, aux poissons, au crustacés, au gibier, aux légumes, etc.

SOUFFLÉ GLACÉ

S'entend généralement d'un appareil à parfait que l'on place dans un récipient entourée d'une bordure de papier pour en rehausser le col, bordure que l'on enlève au moment de servir.

SUPRÊME

La meilleure partie (aile et filet) d'une volaille, d'un gibier ou d'un poisson. Apprêt de haute qualité (velouté de veau et de volaille additionné de crème fraîche).

TIMBALE

Ustensile de cuisine en fer étamé destiné à préparer certains entremets. Croûte de pâte cuite destinée à contenir certains mets de poisson, d'abats, de garniture qui prennent le nom de timbale. Timbale financière, timbale de fruits, etc.

TOMBER

Cuire les légumes dans un mouillement jusqu'à complète évaporation.

TOURNEDOS

Tranche de filet de boeuf que l'on sert grillée ou sautée, accompagnée de maintes garnitures et de sauces diverses.

TURBAN

Toute préparation dressée en rond sur un socle moulé ou à même le plat.

VANNER

Action de donner de l'air à une sauce ou à un liquide en le remuant à l'aide d'une spatule, pour le refroidir sans qu'il se forme de peau.

VOL-AU-VENT

Croûte cylindrique de pâte feuilletée munie d'un couvercle.

LES ÉQUIVALENCES

INGRÉDIENTS	POIDS	MESURE
Beurre	1 lb.	2 tasses
Cacao	1 lb.	4½ tasses
Chapelure (pain rassis)	¼ lb.	2 tasses
Farine	1 lb.	4 tasses
Fromage canadien râpé	¼ lb.	1 tasse
Glucose	12 on.	1 tasse
Graisse végétale	1 lb.	2-⅓ tasses
Gruau	1 lb.	2-⅔ tasses
Macaroni (cassé)	1 lb.	4 tasses
Miel (coulé)	1 lb.	1½ tasse
Moutarde	1 on.	4 c. à tab.
Oeufs	8 à 10 blancs	1 tasse
	14 à 16 jaunes	1 tasse
1 oeuf non battu		3 c. à tab.
Oignons: 1 gros émincé		½ tasse environ
Oignon: tranche émincée		½ c. à tab.
Orange: le jus d'une orange moyenne		½ tasse
Orange: le zeste d'une orange		2 c. à tab.
Raisins	1 lb.	2¼ tasses
Riz	1 lb.	2 tasses
Sucre: brun	½ lb.	1⅜ de tasse
en poudre	1 lb.	2½ tasses
à glacer	1 lb.	3¼ tasses
granulé	1 lb.	2 tasses
Suif (haché)	1 lb.	4 à 5 tasses
Viande hachée (tassée)	1 lb.	2 tasses

LES ABRÉVIATIONS

Demiard	dem.	Seconde	s.
Chopine	chop.	Minute	m.
Pinte	pin.	Heure	h.
Gallon	gal.	Tout usage	t.u.
Onces	on.	quelques grains	q. gr.
Livre	lb.	douzaine	douz.
cuillerée à thé	c. à t.		
cuillère à table	c. à tab.		

LES POIDS ET MESURES

Une pincée — un soupçon . . . . ¹⁄₁₆ d'une c. à t.
La grosseur d'une noix . . . . 1 c. à t.
La grosseur d'un oeuf . . . . 3 c. à tab.
60 gouttes . . . . 1 c. à t.
2 c. à café . . . . 1 c. à t.
2 c. à thé . . . . 1 c. à dessert
3 c. à thé . . . . 1 c. à table
1 c. à thé ronde (produit sec) . . . . 2 c. à t.
16 c. à table . . . . 1 tasse
4 c. à table . . . . ¼ de tasse
8 c. à table . . . . ½ tasse
1 tasse comble . . . . 1 tasse et 2 à 3 c. à tab.
1 tasse faible . . . . 1 tasse moins 1 ou 2 c. à tab.
1 verre à vin . . . . ¼ de tasse
2 tasses . . . . 1 chopine (mesure américaine)
4 tasses . . . . 1 pinte (mesure américaine)
5 tasses . . . . 1 pinte (mesure anglaise)
4 pintes . . . . 1 gal.
8 pintes . . . . 2 gal.

Toutes les mesures dans ce livre sont prises rases

LES SUBSTITUTS ORDINAIRES

Poudre à pâte, ½ c. à t. . . . . . .— 1 oeuf
Poudre à pâte, 1 c. à t. — ¼ . à t. de soda et ½ c. à t. de crème de tartre
Fécule de maïs, 1 c. à tab. . . . — 2 c. à tab. de farine pour épaissir
Lait: 1 tasse . . . . 1 tasse d'eau et 4 c. à table de lait en poudre
Lait: 1 tasse . . . .— ½ tasse de lait condensé et ½ tasse d'eau
Lait: 1 tasse . . . . 1 tasse de crème sure moins le ⅓ d'une tasse de graisse ou de beurre
Farine à pâtisserie, 1 tasse . . .— 1 tasse de farine à pain, moins 2 c. à tab.
Farine à pâtisserie, 1 tasse . . .— 1½ tasse de panure sèche
Tapioca, 1 tasse . . . .— ¾ de tasse de tapioca cuisson rapide
Cacao, 2-⅔ c. à table +
½ c. à table de gras . . . .— 1 on. ou 1 carré de chocolat
Crème sure claire, 1 tasse . . . .— ⅔ de tasse de lait sur et ⅓ de tasse de graisse
Crème sure épaisse, 1 tasse . . .— ½ tasse de lait sur et ½ tasse de graisse

MESURES DE CUISINE

ÉQUIVALENCE APPROXIMATIVE DES POIDS ET MESURES, CANADIENNE ET FRANÇAISE

¼ de chop. ou ½ tasse	— 1 décilitre
1 chopine ou 2 tasses	— ½ litre
1 pinte ou 4 tasses	— 1 litre
1 verre	— 2 décilitres
1 tasse (8 onces)	— 240 grammes
1 c. à tab.	— 15 à 16 grammes
1 c. à t.	— 5 à 6 grammes

ONCES ET GRAMMES COMPARÉS

1 once	— 28 grammes	9 onces	— 255 grammes
2 onces	— 57 grammes	10 onces	— 283 grammes
3 onces	— 85 grammes	11 onces	— 312 grammes
4 onces	— 113 grammes	12 onces	— 340 grammes
5 onces	— 142 grammes	13 onces	— 369 grammes
6 onces	— 170 grammes	14 onces	— 397 grammes
7 onces	— 198 grammes	15 onces	— 425 grammes
8 onces	— 227 grammes	16 onces	— 454 grammes

MESURES DE POIDS ET VOLUME COMPARÉS

BEURRE	8 onces	— 1 tasse	— 225 grammes
Cassonade	5¼ onces	— 1 tasse	— 150 grammes
Farine à pâtisserie	3¾ onces	— 1 tasse	— 107 grammes
Farine à tout usage	4½ onces	— 1 tasse	— 127 grammes
Graisse végétale	6 onces	— 1 tasse	— 170 grammes
Riz	7 onces	— 1 tasse	— 198 grammes
Sucre	6¾ onces	— 1 tasse	— 191 grammes
Sucre à glacer	4 onces	1 tasse	— 113 grammes
Fécule de maïs	¼ once	— 1 c. à tab.	— 7 grammes
Gélatine	¾ once	— 1 c. à tab.	— 21 grammes

Table alphabétique

A

B

C

D

G

H

J

L

M

N

O

P

Q

R

S

T

V

Z

Index général
des quatre volumes

A

269

C

275

E

G

L

M

P

T

W

Z

ACHEVÉ D'IMPRIMER
EN JUIN 1974
SUR LES PRESSES DE
PAYETTE & SIMMS INC.
À SAINT-LAMBERT, P.Q.